現代雨月物語
物忌異談

籠 三蔵

JN052821

竹書房
怪談
文庫

目次

※本書に登場する人物名は、様々な事情を考慮してすべて仮名にしてあります。また、作中に登場する体験者の記憶と体験当時の世相を鑑み、極力当時の様相を再現するよう心がけています。現代においては若干耳慣れない言葉・表記が登場する場合がありますが、これらは差別・侮蔑を意図する考えに基づくものではありません。

現代雨月物語

物忌異談

籠三蔵 著

物忌《ものいみ》

〈さてさて、人の子は面白い。

人の子はなんで自分だけは特別と思うのだろう?

どんな災いも、どんな呪いも、どんな妖かしも「自分だけは大丈夫だ。」と言って入ってはいけない、触ってはいけない領域に近づいてくる。

特別な人の子なんかいないのに。

ただ、まれにどういう結果になっても良いと覚悟を決めてくる者がいる。

そういう人の子は、厄介だ〉

——或る妖かしの言葉より——


新宿の、ある有名百貨店の絵画グループ展での出来事である。

二〇一九年十二月末、中国武漢に忽然と現れた新型肺炎ウイルス「ＳＡＲＳ-ＣｏＶ-２」

は、その驚異的な感染力と、これ迄には有り得なかった特殊な症例により、瞬く間に近隣諸国から欧米へと拡散伝幡し、二〇二一年一月の時点で、全世界での感染者数一億人、死者数二百三万二千人という数字を記録した。

その恐るべき病魔の猛威に対し日本も例外では無く、三密回避、外出自粛、ソーシャルディスタンスというこれ迄には聞き慣れない語句があちこちで使用され出した事も、まだまだ記憶に新しい。

異国からの疫病が巻き起こした逆風の禍々しさがやや緩んだお盆の半ば、越境自粛により、定例の里帰りを諦めた私は、お気に入りのアーティストが作品を出展している、この絵画展に急遽足を運ぶ事にした。


開場からやや遅れて、このグループ展に作品を出展している、神獣画家のN川さんが会場に姿を現した。伏見稲荷系の白狐を題材にした絵を得意としていて、ファンの方々に根強い人気がある女流画家である。

私とN川さんは、関東圏に伝承される「狼信仰」を通じて親しくなった。

彼女の弟のR君が大学の専攻科目で民俗学を選んでおり、その卒業論文として「狼信仰」をテーマに選び、助言を求められて東京の青梅にある武蔵御嶽神社の御眷属借入に付き合わせた事から、互いの距離感が近くなったという経緯がある。

だが、先述の病禍の影響で、御嶽山参拝の日から八か月ぶりの顔合わせとなった。

展示作品を鑑賞しながら、互いの近況を報告し合っていると、N川さんが、お時間に余裕がありますかと尋ねてくる。身近に不思議な出来事があったので、是非聞いてもらいたいのだという。

願っても無い事ですよと、私はふたつ返事で引き受けた。

昼食時、階上のレストランで途中合流した彼女のお母様を交えながら、私はN川さんの語る話に耳を傾けた。実は彼女は、画家としての顔の他に、巫女としての顔があり、都内のある有名な神社に奉職を行っている。


——その年の初め、N川さんは「絵画の仕事に発展がありますように」と奉職している神社の拝殿に手を合わせ、賽銭箱に賽銭を入れた。

すると。

チャリン、という音が、やや間をおいて響いた。

「何だか縁起よさそうだな」とN川さんは思ったそうである。

すると案の定、それから絵画の注文が立て続いた。

顧客らの期待に応えようと精魂込めて仕上げた作品は、それぞれ納得のいく出来栄えで、作品を引き取りに見えた発注者らは、思い思いに感謝の意を述べた。

好調な仕事の滑り出し。

N川さんの脳裏には、あの「賽銭箱からの音」がずっと残っていた。

神様に御礼をしなければならない。

何かを奉納しようと思い立ちはしたのだが、はて何をお納めしようかと考えあぐねていると、脳裏に「桃」の果実が浮かんだ。早速母親に相談して岡山にある知り合いの生産農家から採れたての「桃」を届けてもらい、神社への奉納を申し出た。

すると宮司さんが目を細めながら、

「おやおや、これは驚いた。ここのところ奉納のお品に乾物ばかりが届いて、今年はこんな酷暑で神様も喉がお渇きだろうから、何か瑞々しいものが欲しいだろうなと思っていた矢先なんですよ」

奉納の儀と共に「桃」は、社に恙《つつが》なく献上されたそうである。

――ほお、と私は思わず声を漏らした。

以前、霊感の強い体験者の女性から、こんな話を耳にした事がある。

「神様は、人間が努力される姿が好きなんですよ」

彼女の弁によると、神仏らしき存在を、寺社仏閣以外で、見たり感じたりする場所が存在するのだという。

それは、小学校の運動会の会場や、コンサートホールなのだ。

まだ人として未成熟な子供達が、一体となって競技に懸命になる姿。

見ず知らずの他人同士が、音楽を媒体にして、心を一つにする姿。

その光景を、彼方からわざわざ覗きに来るのだと、彼女は述べる。

「あ、今来てるなあって、よく思うんです」

我々が神仏と呼ぶ、見えない存在。

彼等は、どうやらそういうものが好みらしい。


私はこうした不思議な因果と運命の組み合わせを自身の中で「回路が成立する」と呼んでいる。この時期、私は版元から本書の執筆依頼を受け、その本の題名を思案して、様々な資料をひっくり返していた最中であった。

そんな中、ある文献で「物忌《ものいみ》」という言葉が目に留まった。

中世日本で書かれたと言われる類書、今でいう百科事典の類に当たる「拾芥抄《しゅうがいしょう》」の中で

「物忌」とは、釈尊の生まれた迦毘羅衛国《かびらえこく》の桃林を守護する鬼神の名称として説かれている。悪霊邪神の類はこの鬼神の威光を恐れ、そこに近づかなかった。故に穢れ事、悪夢、暦の凶日等に触れた時、軒先の簾《すだれ》などにこの「物忌」の名を掲げる風習が生まれたと説く。

そのような話を知った直後に、この場面で「桃」に関する話を耳にするとは。

しかもそれは、鬼退治に関連する吉備津彦《きびつひこ》の故郷・岡山の「桃」にも関連している。更に歴史を遡れば、日本神話の古事記で伊弉諾尊《いざなぎのみこと》が黄泉の国から逃げ帰る時、怒れる伊弉冉尊《いざなみのみこと》の命を受け、追い掛けてきた黄泉醜女《よもつしこめ》らに投げてその足止めをしたのも、この「桃」と記されている。

この不可思議な二つの符号に、私は思うところがあった。

「回路」が成立している。

魔を退けるという「桃」の果実。

そして、仏法を守護し、魔が慄《おのの》く「桃林」の鬼神の名前。

「N川さん、こちらのお話、新刊の冒頭に使わせて戴いても宜しいでしょうか？」

こうした経緯を経て、本書の題名は「物忌異談」となった。

未知の疫神が跳梁跋扈《ちょうりょうばっこ》する、不確実な現代世界の真っ只中で、本書の内容が、果たしてどういう役割を担っていくのかは、私自身も知る宛ては無い。

ただ悪霊悪鬼が恐れ慄き、避けて通るという鬼神「物忌」の名の下に集った数々の怪異が、災いを退けてくれますように。

怪異が、貴方にとって、吉と転じますように。

それを追い掛ける事ばかりに夢中になり、貴方自身が、いつの間にかその仲間入りを果たす事の無いように。


それでは、「異談」の領域に、暫しの間のお付き合いを。

雪女、或いは濡れ女

私事ではあるのだが、不思議なジンクスがある。

所謂《いわゆる》、幽霊を見る事ができる訳ではないのだが、どうも世にいう、不可解な事件に巻き込まれ易い体質であるらしい。怪談を綴るようになったのも、そんな事情が多分に影響しているのだが、特に、初めての土地や場所に出向いた時の遭遇事例がとても多い。私という人間は「向こう側」からだと一体どういう風に見えているのだろうか。

これは、怪談を本格的に嗜《たしな》み始めて、間もなくの頃の出来事である。


ある事情から六年間勤務せざるを得なかったブラック企業を漸《ようや》く退職、物書きとしての第一歩を踏み出したその年の年末は、家人の郷里の下北半島へ挨拶に訪れる事ができた。家人との結婚の承諾を貰いに訪れたきり、実に五年ぶりの帰省である。

大きな旅行鞄を抱えて粉雪の舞い散るバス停に降り立ち、妻の実家の呼び鈴を押すと、義父母や義弟は私達を温かく迎え入れてくれた。

下北の漁師町の冬は厳しい。晴れの日でも数日前に降った雪が再び凍結したまま残り、アスファルトはかちかちに凍って、海峡から吹き付ける風は身体の内側から温度を容赦なく奪っていく。前回の滞在は秋口だったので、都会育ちの私にとって、この最果ての土地の冬景色はとても新鮮に映った。

冷気に震えながら町のあちこちを巡り、都会では見られない北国独特の雪景色や鄙《ひな》びた佇まいを堪能していると、浜の近くで朱に塗られた鳥居が目に入った。

地元の神社らしい。漁師の町らしく水神様を祀っている。吹き荒ぶ風と雪のせいで人影など全く無かったが、何かの御縁と賽銭を入れ、拍手《かしわで》を打った。


その晩、大晦日の夜。

義父らと酒盛りをしながら年越しそばに舌鼓を打つと、その足で近所の氏神様への年越し詣りを行い、就寝の挨拶を交わし、それぞれの寝床へと向かった。

真夜中、奇妙な夢を見て目を覚ました。

私は俯瞰的な視点から、自分の寝床を見下ろしている。

布団には、七色に光るウミウシのような、奇妙なものが被さっていた。

恐ろしく寒い。全身が冷え切っている。

枕元の電気敷毛布のスイッチは作動していた。それでも布団の中は凍える程の冷たさだ。

東北の冬とはこれほど寒いものなのかと、電気毛布の出力を最大にして目を瞑る。

また夢を見た。布団の上で不定形のものが虹色に輝いている。

寒い。目を開いて辺りを見回すが何もいない。また目を瞑る。

瞼越しに何かが光る。慌てて目を開いたが、やはり何もいない。布団の中は更に冷え渡り、尿意を覚えた私は起き出してトイレに立ち、そこで違和感に気が付いた。

(外の方が温かい？)

考え過ぎかと、寝床へと入り直す。氷のように冷たい。

明らかに外気よりも。

瞼の向こうで何かが光った。異様なものがこの部屋を訪れている。

通常の実話怪談ならば、ここら辺りで悲鳴を上げるか、顔を引き攣らせ恐れ慄くというシチュエーションなのだが、皮肉な事に、私は怪談綴りであった。

(舐められてはいけない！)

そんな言葉が脳裏を過ぎる。経験上の反応だ。

当時、私は空手の道場にも通っていた。腕っぷしにも体力にも自信があった。咄嗟に布団を蹴飛ばし、素早く起き上がって拳を構える。

（あはははははははは……）

天井付近で女の笑い声が響き、そして気配が消えた。
足元の布団は電気毛布の熱で、ほんのりと温もりが戻っていた。

翌朝、真夜中に奇妙なものに遭遇した事を話すと、家人も義父母も目を丸くした。この家でそんなものに出会った事は一度も無いという。不審に思い、後に調べてわかった事だが、青森県に伝わる雪女の伝承は、元旦に山から人里へと降りてくる、歳神的な役割を兼ねたものだそうである。

私が出遭ったものは、果たしてどちらだったのか。

粉雪

その年の正月明け、この町で幽霊が出そうな場所はないかと尋ねたら、魚港近くの飲み屋街に行ってみればいいという。

その周辺は以前、墓地だったらしい。

しかも隣接して、今は診療を行っていない古い病院の建物が残されており、そこには、地域で伝染病が流行した時の隔離病棟があったそうである。

そこで亡くなった人も、大勢いるという。

そのせいなのか、飲み屋街ではママや女の子がおしぼりや水を一人分多く出してしまってから「もう一人いらしたよねえ？」と首を傾げる光景が、よく見られるそうである。

また、盆や正月には、海難事故で亡くなった「元」常連が、海から上がってきて、酒を呑みに来るとも言われている。

「とにかく、一度行ってみればわかるよ」

そんな理由で連れていってもらった。粉雪のちらつく、寒い晩だった。

なるほど、確かに落ち着かない。

テーブル席に着くと背後に妙な気配を感じる。

振り返っても、後ろに通路など無い。

視界の隅で、客以外のぼやけた姿がちらちらと掠《かす》める。

だが、同行者は、そんな事には慣れっこなのか、焼酎のロックを傾けながら大声で談笑している。ボックス席に詰めていた二組の客も同様だ。


突然ドアが、バタン、と音を立てて開いた。

店内の客の視線が一斉に集中する。開いたドアの外には、誰の姿もない。

暫くすると、再びドアは大きな音を立てて閉じた。

パタン。パタン。

そんな事が更に二、三回続いて、入り口側のボックスに居た常連客らが、流石にざわつき始めた。

「風だよ、風……」

引き攣《つ》った顔のマスターがカウンターを潜って出てくると、ドライバー片手にドアレバーをいじり始める。

みんなホッとして、視線を元に戻した。

だがよく見ると、マスターは、ただレバーの隙間にドライバーを差し込んで、がちゃがちゃ言わせているだけだった。

「ちょっと失礼、電話するところがありまして」

携帯を掛けるふりをして店の外に出ようとする。レバーを引くとストライカーはきちんと機能していた。しかも、入る時には気付かなかったが、カラオケに対応するべく防音材を挟んだ店のドアは分厚いもので、片手で開くにはしんどい程の重たさだ。店外に出ると、表では街灯の光を受けた粉雪が夜空から儚《はかな》い様子ではらはらと舞い散り、漁港の美しい夜景を彩っている。


風が吹いていた様子は、全く無かった。

足跡

　雪女の件があってから一年後、やはり下北帰省時の出来事である。

　その年の大晦日は、前の年の夜に現れた不可解な「あやかし」がもう一度現れてはくれないかと寝床で心待ちにしていたのだが、残念ながらそれは叶わなかった。

　ケンカ腰で及んだのが災いして「こいつはあんまり脅し甲斐が無い」と相手に思われてしまったのかも知れない。

　翌日。

　元日の朝は見事に晴れ渡り、積雪を眩く照らし出していた。

　夜半までは、身も凍るような海峡おろしが吹き荒れて、近隣の氏神様で行われていた二年詣りを諦めていた位なので、ついつい私はいい気分になり、元旦の北国の雪景色を満喫しようと靴を履き、家人に声を掛けると玄関を出た。

前日の晩に吹雪《ふぶ》いたと言っても、この辺りの雪質はサラサラの粉雪状であり、しかも海峡からの強風に晒され、積雪するより先に吹き飛ばされてしまう。従って、降雪時に外に出ると「地吹雪」という雪の砂嵐バージョンに見舞われるのだが、積雪自体は少なめで、膝上まで雪が積もる事は滅多に無い。

防水を施した登山靴を履いた私がまず先に向かったのは神社への初詣だったが、前年、真夜中でも大勢の町民で賑わっていた境内はしんと静まり返り、雪を被った拝殿の扉は固く閉ざされていた。

元旦は大勢の参拝客で溢れる関東圏の神社との差異を感じながら、私は裏道を回って、雪の積もる町内から国道バイパス方面へと歩き出した。

時刻は朝の八時を回っていたが、昨晩は年越しやら二年参りやらで忙しかったのであろう。歩いている人間には出会わない。それはそうだろうと私は思った。よく晴れているとはいえ、外気温は氷点下。足元を踏み締める新雪の感触も、地元の人にとっては珍しくも何ともない。こんな事は都会人の酔狂以外の何でもないと一人ごちながら息を吐き散らし、私は雪化粧の町を散策して歩いた。

「それ」に気付いたのは、バイパス沿いのスーパーの前辺りだったろうか

交差点を渡り、反対側の歩道に辿り着くと、新雪の上点々と足跡が残っている。

（私のような人間が、他にも居るんだな……）

思わず頬が緩み掛け、それから間もなく引き攣った。

先の足跡の脇に、そっと自身の足跡をスタンプする。

私の足サイズは二十六・五センチだが、雪上に残されたその足跡の大きさは、優にその倍以上はあるではないか。

（何だ、これ……？）

振り返ると、足跡は町の中心から点々と、このスーパーの前へと続いていて、私の今居る位置を通り過ぎ、町立総合病院の方角へと向かっていた。

一瞬、熊の足跡と考えた。この辺りは確かに熊の出没地帯である。

しかし冬場となれば、海峡からの津軽おろしが全てをカチカチに凍らせる為に、餌となるものが無くなるので、この時期、熊は出没しないのだと義弟から聞いている。しかも、足跡の形状は動物のものというよりも、人間の履いている靴や履物のそれに近い。僅かながら踵に相当する部分のへこみも確認できた。

そして、この巨大な足跡は、車道側に一切はみ出ていない。飽くまで歩道の中を歩いてきて、その先も、ずっと歩道の中を延びている。

（熊がこんなに行儀よく、歩道の内側だけを歩くものだろうか？）

よせばいいのに、謎を追いたがる怪談綴りの血が騒いでしまった。私は歩道に残された、この巨大な足跡を辿っていく事にした。

雪の上を点々と続く謎の痕跡は、バイパス沿いにあるセメント工場から警察署の前を通り過ぎ、総合病院向かいの歩道の上を通過している。思わず警察署の方を目で追ったが誰も居なかった。既にこの辺りでスーパー前から一キロ近く歩かされている。

ここに至っても、謎の足跡の主は、ひたすら歩道側だけを歩き続け、車道の上にはみ出る事を全くしていない。

（熊じゃないよな、これ……）

少々不安になって、再び辺りを見回したが、人の姿は無い。それどころか広いバイパスを通過する車すら一台も無い。私は携帯を取り出して、もう一度、謎の足跡の隣に自分の足跡を付けて画像を撮影した。

やがて町の境界に位置する公民館施設の前に来た。ここから先は隣町へと続く峠道となり、辺りに民家は無い。何か起きても助けを求める事も叶わない。そして、謎の足跡は更に先へと続いている。

束の間の躊躇《ちゅうちょ》を覚えたものの、好奇心が勝った。私は引き続き、この足跡を辿っていく事に決めた。

峠道に差し掛かっても、足跡は律義に歩道の内側だけを歩いている。明らかに動物ではないという確信を抱きながら私はそれを追って歩いていた。やがて路肩に、隣町の名称を示した立て看板が現れた。ここまで来てからふと思い出す。あと二キロ程歩けば隣の集落に差し掛かるのだが、途中の山間に神社がある事を思い出したのだ。人家の無い峠道の中程にぽつりと鳥居があり、そこを潜ると山の中腹辺りによく整備された社殿がある。

こんな辺鄙《へんぴ》な場所に何故？　と前の年に首を傾げた覚えがあった。

（まさかこの足跡、あの神社に向かってるんじゃないだろうな……）

果たしてその予感は的中し、足跡は峠の中腹にある鳥居の前で、ぐいと方向を変え、そこを潜っていた。ここに来る途中にも横道や枝道があったにも拘わらず、この足跡の主は何の躊躇《ためら》いもなく鳥居の下を歩いている。

ここで、足跡は明らかに動物ではないという確信を私は持った。覚悟を決めて鳥居を潜る。神社へと向かう狭い参道はバイパスの歩道よりも積雪があり、足場の安定が悪く、ここで何かに出会ったらひとたまりも無い。辺りを窺いながら慎重に進むと、やがて雪を被った神社の社殿と石段が見えてきた。私はあの巨大な足跡の主が潜んではいないかと周囲を見渡しつつ、歩を進めた。

だが。

謎の足跡は途中の枝道から合流した複数の別の足跡と混じり合い、判別が困難となっていた。恐らくこの足跡は大晦日である昨晩、社の二年参りに訪れた隣町の人々のものだろう。それはわかる。だが、実家のある町から続いていた巨大な足跡の主は何の目的でここまで来たのだろうか。初めに足跡を見つけたスーパーの前からは、既に三キロ余りも離れている。人っ子一人居ない、無人の拝殿前でぞくりとしたものを覚えた時、突然スマホのメール着信音が鳴った。家人からのメールで、もうすぐ朝食の支度が調うから帰ってこいという趣旨のものであった。

保ち続けた緊張感もここまでだった。これ以上ここに居てはいけない気もした。私は踵を返して参道を戻り、異界と現世を隔てているあの鳥居を潜り抜けて、人の世へと舞い戻る事にした。

朝食が済んだ後、私は「この辺りではやはり雪が深くなった時は『かんじき』を使うのか」と、食卓に居た義弟に尋ねた。

『かんじき』とは、雪の上を歩く時、めり込みや滑り止めの為に、長靴などに装着する履物である。ひょっとしたら、あの巨大な足跡の正体はその『かんじき』を装着した何者なのかも知れないと考えたからである。

「うんにゃ、つがわねぇが、何で？」

義弟の弁によれば、この辺りでは雪がくるぶし以上に積もる事は滅多に無いので、そんな面倒なものは付けないし、そもそもここらのホームセンターでは売っていない。またそんなに雪が積もる事があれば、誰も面倒がって外など歩かないという。

「うちにもそんなもん、無いかんな。どして？」

私は携帯に撮った画像を見せながら義弟と義父に、隣町まで続いていた謎の足跡の事を打ち明けた。

「何だこれ？　熊の足跡ではなかんべな」

「こんなもの、見た事ねぇぞ」

熊説はあっけなく否定された。町内に熊の足跡などが残っていたら、今頃防災無線が鳴り響いているはずだという。

「二十年以上、冬に熊なんか、見たごとね」

じゃあ、これは一体何なのだろうと尋ねると、義弟は苦笑いを浮かべ、何度も首を傾げながら「わがんね」とだけ答えた。

撮影した画像は、これまで様々な方にお見せしたが、今のところ満足な答えは得られてはいない。ただ、色々と調べてわかった事だが、件の社に祀られているのは女神様であるらしく、近隣が大火に見舞われた時、天から水を降らせて火を消し止めたという伝説が残っているそうである。

昨年の「雪女」の件が脳裏を掠めたのは、言うまでもない。

峠道

Y崎さんは家人の高校時代の同級生だ。

私が怪談綴りと聞いて興味を持ち、彼の奥さんが自身の体験談を提供してくれるという事となった。

「私がまだ、高校を卒業して間もない頃の話なんですけどね……」

北国の居酒屋の片隅で語られたのは、こんな話だった。


彼女の事を、仮に「N子」さんと呼ぶことにしよう。

当時、N子さんには、同じ町に住んでいた同世代の彼氏が居た。

従って、週末の時間は彼氏とのデートに費やされていたのだが、そこは小さな田舎町の事、気の利いたデートスポットがある訳ではなく、店舗の閉店時間なども都会とは比較にならないほど早い。

従って、彼らがよく遊びに出掛けたのは、住んでいる町から五十キロほど離れたM市の繁華街であった。

東京の規模から比べればささやかなものではあるが、M市まで行けば若者好みの小洒落たレストランやショッピングモール、夜景の美しい展望台などのデートスポットもある。N子さんは、週末になると彼氏の車の助手席に乗って市内に赴き、週末の楽しい時間を過ごしていた。


ところで、町からM市までには国道沿いに幾つかの峠を越えなければいけないのだが、この中のひとつに「K峠」がある。

このK峠は、地元では幽霊が出るという事で有名な場所であった。

何でも噂に依れば、太平洋戦争時、ここには大きな防空壕があったが、戦争末期にアメリカ軍の空襲による爆弾の直撃を受け、避難していた人々が大勢亡くなり、その霊が今でも彷徨《さまよ》っているのだという。

但し、それを見たという人間は回りに誰も居なかった。そんな理由でN子さんは「K峠の幽霊」を単なる噂話と受け止め、さほど気にする事もなく、彼氏と過ごす楽しい時間の余韻に浸りながら、夜の峠道を通過していたそうである。

――ある日の夜の事。

その週末も彼氏とのデートに夢中になっていたら、すっかりいい時間となってしまった。携帯電話などがまだ普及していない時代である。N子さんは家族が心配しないように市内から連絡を入れ、慌てて彼氏の車に乗って帰途に就いた。

M市から彼等の町へと向かう道は、夜になると一気に交通量が減る。

その晩も例外なく、国道は彼等の車だけ。ほぼ独走状態だった。市の外れのバイパスから隣町のO町へと差し掛かると、勾配が急にきつくなり、周囲は鬱蒼とした木々に囲まれ、視界が一気に暗くなる。

K峠の入り口である

とはいえ、これまで何も起きた試しがないので、N子さんは助手席で、ライトの照らす分離帯の白線をぼんやりと眺めていた。彼氏も慣れた手つきでハンドルを操り、角度のきついカーブをすいすいとクリアしていく。

すると。

ライトの光軸が照らす先に、ぼんやりと白い影が現れた。

それは、二人の小さな子供の手を引いた、女性の姿であった。

N子さんは眉を顰《ひそ》めた。勾配がきつく、周囲には人家の無いK峠を、徒歩で越えている人間など、今まで見た事が無かったからである。

しかも時刻は、終バスも通り終えた午後八時過ぎ。

周辺には街灯も無く、真っ暗だ。

不審に思う彼女を尻目に、車は親子連れの脇を通過する。追い抜き様、三人の風体を見たN子さんはゾッとした。

ハロゲンライトの光軸に照らされた親子は、ボロボロの防空頭巾にモンペ姿という、恐ろしく時代錯誤な恰好をしている。子供の手を引く母親の顔色は真っ白で生気が無く、虚ろな視線のまま、急勾配の坂道を黙々と歩いていた。

N子さんの脳裏に「K峠の幽霊」の逸話が蘇った。

刹那。

彼氏が突然アクセルを踏み込み、車のスピードがグッと上がった。

(あっ、彼にも視えてるんだ!)

今声を掛け、彼がハンドル操作を誤ったら大変とN子さんは機転を利かせ、防空頭巾の親子連れの事を口にせずにいた。

車はそのまま、カーブを曲がり切れないのではないかという猛スピードで峠を走り抜ける。N子さんは両足を床に突っ張り、アシストグリップを握り締め、彼氏の乱暴な運転に必死に耐えた。

やがて、峠から離れた自販機のある明るい駐車帯が見えると、彼氏は緊張の糸が解れたかのように、そこに車を停車させた。

ちらりと彼氏の顔色を窺うと、信じられないものを見たという、畏怖と恐怖の入り混じった、引き攣った表情が浮かんでいる。

「さっきの防空頭巾の親子でしょ？　私も見た。気味悪かったね」

運転席で息を荒らげる彼の心中を察するつもりで、N子さんは声を掛けた。

「親子……？」

彼氏はキョトンとした顔でN子さんの方を見ると、やれやれと溜め息を吐いて、妙な事を呟いた。

「そっか。それしか見えていなかったんだ……」

「えっ、どういう意味？」

彼氏の弁は、こうである。

K峠に車が差し掛かり、ヘッドライトの中に不審な親子連れを見たところまではN子さんと全く同じであった。そしてその出で立ちが、防空頭巾にモンペ姿だという、戦時中のものであった事も。

（幽霊だ！）

驚いた彼氏はアクセルを踏み込んで親子連れの脇を素早く通過しようとした。

ところが。

親子を抜いた後の、峠道に広がった光景に、彼氏は息を呑んだ。

ライトの光軸が照らす道路の山側に、ずらりと行列が並んでいる。

どの人影もが、古びて血の染みがこびりついた国民服や、防空頭巾のモンペ姿。

そんな不気味な死者の行列が、峠の急勾配を黙々と行進していたのだ。

恐怖に駆られた彼氏は、再びアクセルを踏み込んだ――。


「結局、私の見た親子連れは、その行列の最後尾でしかなかったらしいんですね。ただ、あのK峠に幽霊が出るって話は本当だったんだなあって、しみじみ思いました。爆撃で死んだ方が居たというのも……」

酎ハイのジョッキを傾けながら、N子さんは、そう話を締め括ってくれた。

居酒屋で採話を終えた後、私はこの件に関して興味を抱き、件のK峠の周辺事情を調べてみた。N子さんの目撃談から辿って考えれば、それ程大勢の犠牲者の出た爆撃なら、町史の公式記録として残されている可能性が大だと考えたからである。

しかし、意に反して「K峠」「防空壕」「爆撃」で検索を掛けても、N子さんの目撃談に関連するような記録は、何も引っ掛かってこなかった。そもそも峠の両端にある二つの町に、防空壕があったという話すら無いのである。

これは一体どういう事なのだろう。

あの話しぶりや描写の細かさや、当時を思い出す時の表情からして、N子さんが創作話を聞かせたとも思えない。

だが、もう少し突っ込んで調べてみると、興味深い事実が判明した。

このK峠のある場所は、太平洋戦争時に敵国の攻撃に備えて、下北半島の軍要塞施設に物資を運ぶべく、鉄道の開通が予定されていた。その路線は八割方完成していたのだが、戦局の悪化により昭和十八年に工事の中断の決定が下されたという「幻の鉄道路線」が存在していたのである。

K峠のある山には、この幻の路線が使用する予定だった二本のトンネルが存在し、それは戦後の昭和三十年辺りまで、周辺住民の生活道路として使用されていたという記述も見つかった。

ひょっとして、この未完成の鉄道トンネルが、戦争時には周辺住民の空襲時の退避場所（防空壕）として使用されたのではないだろうか？

このトンネルはM市側の入り口から山の真下を潜り抜けていて、地形も鬱蒼とした木々に囲まれている為、上空からはとても見分けにくい。また、峠自体も住宅や建造物が無いために爆弾の投下目標にもなりにくかったろうと考えられる。

そして戦争末期、この周辺はM市湾内にあった帝国海軍鎮守府を鎮圧すべく、昭和二十年七月から八月に掛け、米軍の空母艦載機による攻撃を何度も受けている。

その米軍機の侵入経路がK峠トンネル入り口のあるO町側からであり、その時に行われた機銃掃射により犠牲者が出ている事が公式記録で確認できた。

恐らく空襲警報が発令された時、住人達は、避難場所として決めていたトンネルに逃げ込もうとして急襲した米軍機の銃撃を受けたのではないだろうか。

艦載機の機銃とは、元々敵機や敵軍車両を破壊する大口径のものであり、機銃というよりは「機関砲」と呼んだ方が適切と言えるものである。映画などで見られる飛行機からの銃撃シーン等は飽くまで演出であり、艦載機の機銃に撃たれた人間は、一瞬でバラバラの肉片となって四散してしまう。

戦争末期の混乱のさ中である。空襲下で消息のわからなくなった人間は、単なる行方不明扱いになって、捜索もされなかったであろう事は想像に難くない。

N子さんと彼氏がK峠で目撃した行列の正体は、亡くなった事を誰にも知られる事も無く、また自らも死んだという事を未だ認識できていない、悲しい戦争犠牲者達の姿なのかも知れないとここに書き起こし、話を締める事にしようと思う。

横断

場所は、常磐線沿線のどこかとだけ聞いている。

Aさんはその日、近場に住む友人のアパートで酒盛りをしていて帰宅が遅くなり、ふらふらと千鳥足で歩きながら自宅へと向かっていた。

時刻は午前二時。

友人宅から彼の家に戻るまでの間には常磐線が横切っている。その為に線路を横断する踏切を通過しなければならない。

この踏切は「魔所」と呼ばれる程ではないのだが、それでも一年に一度位は「飛び込み」が発生するという、曰く付きの場所でもある。

とはいえ、その位の頻度なら、どんな路線でも事故は起こる。以前、私の家人の住んでいたアパートなども、小田急線の踏切がすぐ裏にあり、そこでは、やはり何度か飛び込みがあったそうで、「遺体の一部が見つからないので裏庭を検分させてほしい」と警官が訪ねてきた事があるという。

そんな理由でAさんは、余り深く考えもせずに、その踏切を渡ろうとした。

すると。

突然、カンカンカンカン、という警報機の音が鳴り響き、黄色と黒で彩られた遮断棒が降りてきた。ごく自然に足を止めてから、Aさんは(あれ？　もう終電終わってる時間じゃね？)と思った。

但し、この路線は、深夜になっても、貨物列車が通る事がある。何だツイてねぇなと思いながら、赤色に明滅する警報機の前で列車の通過を待ち侘びた。


カンカンカンカンカン……。

だが、三分、五分と経過しても、列車がやってくる気配はない。警報機はそのまま警報音を鳴らし続け、無機質に明滅している。

カンカンカンカン、カンカンカンカン……。

こりゃ警報機の故障だなと思ったAさんは、踵を返して別の道に回ろうとした。

その瞬間、警報音が突然鳴りやみ、遮断機の棒がすうっと上がった。

(何だこりゃ?)

不審に思いながらも、踏切を横断しようとした、その刹那。

踏切の向こう側に、いつの間にか、男が立っていた。

ごく普通のスーツ姿の中年男なのだが、どことなく様子がおかしい。

掛けている眼鏡はレンズの片方が割れていて、上半身に掛け、粘り気のある黒い液体がべっとりとへばりついている。肩を落とし、両手をだらりと下げた男の首には、太い縄が巻き付いており、縄の先端は直角に、夜空の闇の中に伸びていた。

そいつは首吊り状態のまま、虚ろな表情で踏切を横断し、立ち竦《すく》むAさんの傍らを、ゆっくりと通り過ぎる。

両足を動かす事無く、まるで、空中を浮遊しているような動きだった。

我に返ったAさんが振り向くと、首吊り男は、溶けるように闇の中へと姿を消していくところだったそうである。

占い師

「あの時見たものが何だったのか、未だに信じられないんですけどね……」


K君はその頃、全国ネットで有名な大手引っ越し業者の運搬担当をしていた。

その日もアルバイト数名を引き連れて、営業スタッフから指示された住所を頼りに顧客の元へと向かった。

依頼主の職業は「占い師」。変わった肩書きだ。

占い師の家の引っ越しなど初めてだなと、K君は思ったそうである。

やがて到着したのは、それ程古くない3LDKのマンションだったが、色々な理由で手狭になったから、もっと広い間取りの部屋へ引っ越す事にしたのだという。

待ち受けていたのは小綺麗な身なりをした四十代の痩せた中年男性で、にこやかな愛想笑いを浮かべ、物腰も丁寧なのだが、どこか胡散臭さを感じさせる。

スタッフの紹介を終えると、K君は男に指示を仰ぎながら、引っ越し荷物の梱包を始めた。

黒ビロードの内装や遮光式の分厚いカーテン。

台座に据えられた髑髏や水晶球。それらの置かれた重厚な感じのテーブルや応接セットに、星座を浮かび上がらせる発光ダイオードのイルミネーションやミラーボール。窓際に吊るされたドリームキャッチャーや様々なオカルトグッズ。

書架の中にも和洋折衷と言わんばかりの分厚い本がずらりと並んでいて「魔法」「魔術」という文字があちこちに散見できる。いかにもという感じの盛り付けディスプレイに、K君は心の中で（胡散くせー）と思っていたそうである。

だが、そこはその道のプロ。

そんな感情は表に出さず、それぞれのスタッフ達にてきぱきと指示を出して、件《くだん》の怪しげな荷物を段ボールに手際よく梱包する。

そんな彼の視界の片隅を、先程からちらちらと奇妙な姿が横切っていく。

真っ黒な毛並み。小柄な四足獣。

どうやら猫らしい。

しかし、男から、ペットが居るという話は聞いていない。

それでも荷物の搬送の為に玄関ドアは開けっ放しにしている。万一そこから逃げ出してしまったらまずいと振り返って部屋を見渡すが、猫の姿はない。

どこかに隠れてしまったのだろうか。もう一人のスタッフは気付かずに黙々と作業に没頭している。

気のせいだったのかと、再び彼は梱包作業に戻った。

すると、またしても視界の隅に、うろうろとちらつく影がある。

(猫、やっぱり居るのかよ……)

K君は再び手を止めて、猫の居場所を探して確保しようとした。

刹那。

毛むくじゃらの小さな黒い影が、積まれた段ボールの上に、すとんと乗った。

「にゃあ」

そいつはK君の方を振り向いて、甘えた声で一鳴きすると、素早く身を翻して段ボール箱の影へと消えてしまった。

彼が呆然して固まっていると、隣の部屋でスタッフに梱包の指示をしていた、先の占い師の男がやってきて「どうしたの？」と声を掛けてきた。

だが、K君の青ざめた顔色を認めるなり、占い師の男はククククッと小さな笑いを浮かべると、こう呟いた。

「あれ？　君、ひょっとして見ちゃった？」

男は頷きながら、K君の顔を舐めるように見つめた。

「君、凄いね。結構霊感強いでしょ？　その辺で変なものよく見たりするでしょ？　良かったら今度、僕の引っ越し先に遊びにきなよ。運勢タダで見てあげるから」

そこで男は、にぃっと下品な笑いを浮かべながら、もう一度、彼の顔をまじまじと眺めて、こう締め括った。

「但し、そこまで無事に来られたらの話、なんだけどね」

K君の見た占い師の猫は、人の顔を持っていた。

その顔がからかうように歪んで「にゃあ」と、猫の声を真似ながら笑い掛けてきたそうなのである。

魔物（前）

以前、ある公募投稿の場で、同業の方から「あり得ない（話）」という一行講評を戴いた事がある。現代の理屈理論で片付けられない、あり得ない話を怪談として認識していた私にとって、違う意味で目から鱗の御言葉であった。

この「実話」という冠の付くジャンルは、元々あり得ない話を追い掛けているものと考えていたからである。そういう意味合いで怪談綴りが他者の体験を否定してしまうのは、既にその方の限界を指しているという事ではないかと私は思う。

よく考えてみれば、それはそういう事にならないだろうか。誰彼構わず傍若無人に取り憑いて、障りや祟りなどの現象を成す邪《よこしま》な幽霊や妖かし、その他正体不明の有象無象の存在。そういうものの事案を再現する事を取り扱っているのに、そこに無理やり関わっていこうとする執筆者が、その体験を否定する発言をしてしまう事に、矛盾を感じざるを得ないからである。

その見方からすれば、先の方はまだ「本物に出会えていない」のではないかという事になる。

というのは、私自身が以前は伝奇ホラージャンルを手掛けていて、それらの参考にと様々な怪談本を読み漁っている内に、こちらの世界に深く足を突っ込むきっかけとなった「坑の中」事件（姉妹書・方違異談に収録）に、いつの間にか巻き込まれていた。そういう体験を一度でもすれば、他人の話を否定する気になど、もうなる事ができないからだ。

ある体験者の方は、出張などで宿泊先のホテルの鍵をフロントから預かった時点で、そこが「ヤバい部屋」なのだとわかるらしい。そんな場所にまで「念」は伝幡する。だからその時点で部屋を替えてもらう。従って霊感は強いが目立った被害にはあまり遭わないという話を聞いた。試しに私の作品の掲載された共著短編集を進呈したら、手にした瞬間顔を顰《しか》めて「これかなり（本物の話が）詰まってますね」というお言葉まで戴いてしまった。蒐集した話にそういう事まで起こるのかと。そんな理由で現時点での個人的な意見ではあるが、本物には「話そのもの」に、大なり小なりの障り＝伝染性があると考えている。

この障りを抑え込みながら、いかに「あり得ない」事件を忠実に再現していくのかが、最近の自身のテーマであり、そんな理由で、文章や文体の美しさ、こだわりなどは私として二の次と捉えている。

少々前置きが長くなってしまったが、ここに触れる挿話は、実話怪談の取材という切り口から、やはり「話」に私自身が巻き込まれて、その当事者となってしまった、ある事例を紹介するものでもある。

主婦のS戸さんと知り合う機会を得たのは、当時通っていた整骨院の先生の紹介からであった。

二〇〇八年十月の半ば頃の事である。

「籠さん、以前、怖い話を持っている方いませんかと仰っていたでしょ？　うってつけの方いますよ。ご紹介しましょうか？」

何でも先生の話に依れば、体験者のS戸さんは幼い頃から霊感が強く、来院される度に、いつもその手の話をされる方なのだという。当院に怪談書きの方がいらして、お話を探していますよと水を向けたら、是非お会いしたいという風に話が纏まったそうなのだ。それは凄そうですね、こちらも是非お話したいと答えると、本人の承諾は得てますからと、先生はS戸さんの携帯アドレスを教えてくれた。

しかし。

初めましての挨拶文を兼ねたメールを何度送信しても、それは「宛先人不明」という通知と共に舞い戻ってきてしまう。

（ガセを掴まされたかな？）

お話を提供するという名目で連絡先を聞いたものの、その後、メールも電話も繋がらないというケースは、この頃、既に二件ほど経験済みであった。初めはそのつもりであったものの、やはりと心変わりしたのであろう。恐らく今回もそのパターンに違いないと思い、私はそのままS戸さんに連絡を取るのを止めた。

ところがその後、整骨院に行くと、先生が怪訝な顔で
「籠さん、S戸さん全然メールが来ないってこぼしていたけど、ちゃんと連絡入れてくれた？」

全然メール繋がりませんよ、メルアド間違ってませんかと、何通もの送信宛先不明通知の画面を見せると「カルテに書いてあるメルアドだから間違いの筈がない」と首を捻りながら、先生はその場で自分の携帯からメールを送ってくれた。ところがこのメールも「受信アドレス不明」で舞い戻ってきてしまったのである。

「本当だ、変だなあ。このアドレスで何度かやりとりしてるのに。よし、そうしたら僕が直接交渉して段取りを付けるよ」

こうして整骨院の先生の口利きと骨折りで段取りが整い、私は漸くこのS戸さんという女性の取材を行う事ができた。一番初めに彼女の事を耳にしてから何と既に一か月の日時が経過していた。今思えば、ひょっとしたらこの時点で、既に怪異は始まっていたのかも知れない。だが、当時は「まさか」という感じに、そんな事に気付く余地も無かったという事を、確認の為に付け加えておく。


聞き取りの場所は、彼女の家からほど近い場所にある、足立区内のサイゼリヤ。

待ち合わせ時刻は午後一時。

ファミレスの入り口付近で待っていたS戸さんは、雰囲気で私を察するなり、その場で深々と頭を下げた。ランチタイムの喧騒がまだ収まり切らない時間帯ではあったが、私達は運よく窓際のボックス席に陣取る事ができた。

「漸くお会いできましたね」の言葉を交わしながら、名刺を渡して自己紹介を行う。

S戸さんは当時、三十代後半の専業主婦。

こういう形の取材は初めてですと硬い表情をしていたが、持参した著書を渡して、私自身の体験談から話を向けると次第に緊張が解れ、口調が滑らかになり始めた。

他の怪談作家の方達は、果たしてどんな雰囲気で聞き取りをされているのだろう。私のやり方は殆《ほとん》どプチ怪談会だ。先に著書を進呈して、自らの体験や、取材時の怪奇体験等を先に披露する。すると「私もこんな風に……」と、本当の体験者の方は大抵語り出してくれる。それでも語り出さない方が過去に二名居たが、両者とも後程「偽物」と判明した経緯もある。

自身の半生を交えたS戸さんの体験談は、かなり独特のものだった。

金縛り、幻視、幻聴、体調不良その他諸々の理由で物心ついた時から「視えざる存在」に悩まされ続け、ここまでに於いて心安らかに過ごせた時期は、たったの一か月なのだという。

彼女の両親も「これは医者では治せない」と早くから悟り、知人らの伝手《つて》を介して、神社やお寺、拝み屋や霊能者を頼り、余りにも敏感な彼女の「体質」を何とかしてほしいと頼んで回ったが、誰にも手の施しようが無かったそうである。

ある時、口コミでしか仕事を引き受けないという拝み屋が、独特の方法でS戸さんにある修法を施した事があった。それはガラスのコップに水を溜め、彼女のベッドの下に置いて題目を唱えるという不思議なものだったそうだ。

この拝み屋の祈祷はかなり効き目があったそうで、彼女は先に述べた、何も見ない、感じないという、人生で最も平穏な一か月間を過ごす事ができたという。

ただ、そのような人物の技でも、効力はひと月しか持続せず、S戸さんの身辺には再び不穏の姿が舞い戻り、さすがの両親もお手上げ状態となり、そのまま現在に至っているそうなのである。

「それでも、結婚して子供ができてからは、だいぶマシになりましたけど」

少々自虐気味に語られる体験談の数々は、視える人独特の不可思議な顛末を持つものばかりであり、私は興奮しながらノートにペンを走らせた。

その時、S戸さんから戴けた体験談は、十数話に上る。

どれもこれもが既存の怪談本では見掛けない独特のものだ。共に話がひと区切して、ふと時計を見ると、既に時刻は午後三時を回っている。

私はS戸さんが専業主婦である事を思い出し、夕餉の支度などに支障が出ないように場をお開きにしようと声を掛けた。

「どうもご協力有難うございました。たくさんのお話を戴けて感謝です。お話が掲載の際には連絡して献本するようにしますので。引き続き何かありましたら……」

「あの」

奥歯にものの挟まったような表情で、S戸さんが呟いた。

「どうかしましたか」

「あの、一番怖い話がまだあるんです。聞いてもらえますでしょうか」

「え、まだそんなのがあるんですか？」

正直な話、ここまで語られた話でも、実話怪談本の掲載レベルに達しているものばかりだと喜んでいた私は舌を巻いてしまった。

「それは、どんなお話なのでしょうか？」

「それは……、夢の話なんですけど……」

夢の話、即ち予知夢系の話かと、私は少々落胆した。

予知夢系の話のオチは、大体に於いて夢が現実となったで終わる。だから恐らく聞いている途中で先は読めてしまうだろうと考えたからだ。

しかし、ここまで彼女から提供頂いた話はどれも興味深いものだ。これだけの協力を戴きながら「その話は結構です」は無いだろうし、むしろ、これ程の体験をしているS戸さんに「一番怖い」と言わしめるその夢とは、どんなものなのだろうという興味も湧いた。

浮かせ掛けた腰をソファに掛け直して、私はS戸さんに向き直ると、

「いいですよ。お付き合いします。それは、一体どんなお話なんですか？」

彼女は一度深呼吸をすると、神妙な口調で語り始めた。

「それは、私がまだ、高校生だった頃の話なんですが……」

——カタン、カタンと線路の連結部を、車輪が乗り越える音がする。

そこは古びたローカル線の列車の中だった。

窓の外を見ると、沈み掛けた陽射しの中で、黒い影となった山々の稜線と、鄙びた田舎の田園風景が、車両の後方へと流れていく。

彼女が座っているボックス型の座席の正面には、学生服を着た、彼女と同じ位の年齢の男の子が腰掛けていた。

(あっそうだ、私は彼と、これからどこかに出掛けるんだったっけ)

そんな思考がふと蘇ったが、男の子の名前はどうしても思い出せない。良く見知った、身近な人物の筈であったのだが。

彼もまた、物思いに耽《ふけ》った表情で、窓の外の夕暮れを眺めている。名前を確かめようと思ったが、何だか失礼な気がして躊躇《ためら》われた。

(私、この人と、どこに行く予定だったんだっけ)

頭の中に靄《もや》が掛かったようで、それがどうしても思い出せない。改めて周囲を見渡せば、車両の中の乗客は、S戸さんと彼の他には誰も居ない。

単調なリズムの車両の揺れと、夕暮れに染まる車窓。

知っている筈なのに思い出せない、目の前の男の子。

奇妙な空気に呑まれているうちに、やがて列車のスピードが落ち始める。

「次で降りるから」

男の子が、素っ気ない口調で呟いた。

列車が駅に到着する。

ポイント通過の振動と共に列車は止まり、続いて車両のドアが開いた。

彼に促されて下車したのは、正に田舎の無人駅の風情である。

降車客は彼女ら二人だけ。暫くすると発車アラームが鳴り響き、乗ってきた列車は、カタン、カタンと音を立てながら、進行方向へと消えていく。

一体ここはどこなのだろう。駅舎の待合室や改札に人の姿は無く、駅前のロータリーにも、タクシーはおろか、人っ子一人、姿が見えない。

寂れた人口過疎地域の駅前。正にそんな佇まいだ。

「さあ、行くよ」

男の子は彼女を促して、駅前ロータリーを横切ると、その先にある商店街を歩き出した。

左右に並ぶ古びた店舗は、その殆どがシャッターを閉じていて、僅かに開いている店も、人の気配は全く感じない。少し歩くと短い商店街はすぐに終わってしまい、そこから先は、住宅地らしき家々の影が広がっている。

(私は彼と、どこへ行くつもりなんだろう)

それを思い出そうとすると、再び頭に靄が掛かったようになり、思考がまとまらない。

男の子は歩調を緩めず、闇の帳《とばり》へと沈み行く住宅街を進んでいく。ひたひたと押し寄せる黄昏《たそがれ》の足音を感じながら、S戸さんは彼の後を付いていった。

やがて周囲の真っ暗な宅地は、鬱蒼とした森へと変貌し、足元から伝わる地面の様子も舗装路から瓦礫交じりの山道のそれへと変わっている。こんな寂しげな場所に私は何をしに来たのかと、S戸さんは自問自答した。

と、突然、目の前がぱあっと開けると、行く手に明るい灯の灯った、重厚な佇まいの日本家屋が姿を現した。

雰囲気から判断して温泉宿らしい。

(ああ、そうだった、今夜はここに泊まる予定だったんだっけ)

先を行く彼に続いて石畳の上を歩き、玄関前に立ち止まると、S戸さんは改めてその建屋の規模に呆然とした。

皇族や政治家、大会社の役員等が使用するような、格式の高い宿にしか見えない。自分らのような高校生が泊まる場所ではないと彼女が躊躇していると、少年は何の気後れも無く、宿の暖簾《のれん》を潜っていく。

「お待ちしておりました」

玄関では二人の人物が彼らを待ち受けていた。

三和土《たたき》に手を突き、深々と頭を下げた仲居らしい老婆と、その後ろに控えている、同性の目からでも羨むような美貌を持った、着物姿の女性である。

「当館の女将《おかみ》でございます。この度は当館のご招待に応じて頂き、感謝致します」

女将は赤味の強い、ふっくらとした唇を吊り上げて笑顔を刻み、二人に向けて軽い会釈を交わした。

「それでは、お部屋の方に案内致します」

玄関で履物を脱ぐと、仲居が手を差し出してS戸さんを促す。彼女の後に少年が続こうとするのを、あの美しい女将が柔らかく遮った。

「殿方は、こちらのお部屋の方へ」

差し出された手の先にあるのは、宿の二階へと続く階段だった。

「えっ、一緒じゃないの？」

思わぬ展開にS戸さんが声を上げると、仲居の老婆が厳しい口調で窘《たしな》めた。

「当館では××××年より（著者注・聞き慣れない年号であった為、不明との事）男女同衾《どうきん》の宿泊を禁じておりますので」

「大丈夫。心配しないで」

そこで少年は、初めて彼女に向かって笑顔を向けた。

「でも……」

「どうぞ、ご案内致します」

やり取りは女将の声に遮られた。

二階に上がる寸前、少年はS戸さんに向かって、力強く頷いた。何故かよくわからないのだが、少年が何者かもわからないのだが、彼女はその言葉に従う事にした。

仲居に案内されながら、母屋の外廊下を歩いていく。とても大きな宿らしく、灯りは点いているものの、その先がどこまで延びているのかわからない。

左手は池や東屋《あずまや》があつらわれた、立派な日本庭園だ。

歩いている途中で、奇妙な視線に気が付いた。右手に位置する客部屋の襖がみな細目に開いていて、彼女と目が合うと、とんと音を立てて閉じる。

とん、とん、とん。

とん。とんとん。

まるで品定めでもされているかのようで、薄気味悪い事、この上無い。

（一体、ここは何なんだろう？　何で私はこんなところに居るんだろう？）

再度不安が込み上げてきたところで、仲居が足を止めた。

廊下の一番奥の、突き当たりに位置する場所だ。

「こちらのお部屋でございます」

襖を開けて案内されたのは、落ち着いた風情の和室である。

「温泉はこの角を左に曲がった奥にございます。浴衣は箪笥の中にありますので、ご自由にお使い下さい」

ぺこりと頭を下げ、仲居は襖の向こうへと姿を消した。

一人取り残されたS戸さんは、座椅子にへたり込んでぼんやりしてから、やがて妙な事に気が付いた。

落ち着いた調度品で整えられた部屋ではあるのだが、よく見ればテレビや冷蔵庫などの電化製品が無い。一体自分はこの温泉宿に何をしに来たのだろう。同行していたあの少年は誰なのだろう。そこを詰めようとすると頭に靄が掛かる。そうこうしている内に小腹も空いてきたが、部屋の中には茶菓子の類も一切無い。

（そう言えば、温泉があるって言ってたっけ）

備え付けの箪笥を開くと、浴衣と手拭いが入っていた。

きっと食事の時間になれば、あの仲居さんが呼びに来るのだろうとの考えがそこに落ち着き、彼女は浴衣に着替えると、教えられた温泉へと向かった。


脱衣所で服を脱ぎ、風呂場の戸を開けたS戸さんは目を丸くした。湯気の向こうに見えてきたのは、時代劇に出てくるような、総檜風呂である。

タイル張りの大浴場を想像していた彼女は気後れしながらも、洗い場で身体を流し髪を洗うと、湯船に入った。

いい湯加減の濁り湯に身を浸し、漸く気分が落ち着いた。

すると、再び視線のようなものを感じ、周囲を見渡すと、風呂場の隅に小さな引き戸があり、少しだけ隙間が開いている。

それが「とん」と音を立てて閉まった。

再び気味の悪さを感じた彼女は慌てて湯船を出ると、脱衣所で服を着け、逃げ帰るように部屋へと駆け戻る。

襖を開くと、部屋の真ん中に人影があった。

「ぎゃっ」と悲鳴を上げてよく見れば、それはさっき、玄関先で出迎えてくれた、温泉宿の女将である。

「お湯加減はいかがでしたか？」

「あ、とてもいいお湯でした」

にこやかに問い掛ける女将の笑顔に安堵を覚えて、S戸さんはそう答えた。

「先に、玄関先でお伝えする事をひとつ忘れてまして」

「お伝えする事？」

彼女が問い掛けに鸚鵡《おうむ》返しで呟くと、笑っていた女将の顔が、突然固まった。

綺麗に結い上げた黒髪がばらりとはだけ、瞳がぐるりと裏返り、めりめりと音を立てて口元が耳まで裂け、真っ赤な舌と、鋭い犬歯がそこから覗いた。

「お前を、喰らうという事だよ！」

瞬間、S戸さんは腰が抜け、その場にぺたんと尻餅を突いてしまった。

鋭い爪の生じた五指を振り翳《かざ》して、怪物と化した女将が襲い掛かる。

その時、隣の部屋に繋がる襖が勢いよく開き、あの少年が飛び出して、化け物女将の胴体に強烈な体当たりを喰らわせた。座卓や座椅子等の調度品が横転し、二人は縺《もつ》れ合って部屋の隅へと倒れ込む。刹那、少年は転げながら化け物女将の背後に回り、後ろから裸絞めの態勢になって、その動きを封じた。

「ぐばあぁぁ……！」

女将が手足をばたつかせ、暴れる都度に、少年は二の腕を締め上げた。

「君がやるんだ！」

もがき苦しむ化け物の背後から、少年が叫ぶ。

「いいか、君自身の手でやらないと、こいつはずっと君を狙い続ける！　反撃できるところを見せるんだ！　君自身の手でやるんだ！」

耳まで裂けた口で、化け物が咆哮する。

S戸さんは状況を呑み込めず、腰を抜かしたまま、悲鳴を上げるばかりだった。

「早くしろ！　いつまでも持たない！　二人とも食い殺されるぞ！」

少年は必死の形相で叫ぶ。化け物女将は全身を発条《ばね》のようにくねらせて、背後から首を締め上げる彼の腕を振り解こうと必死だ。

「どうすればいいの？　何をすればいいの？」

泣き叫ぶ彼女に向かって、少年はとんでもない事を口にした。

「こいつの上顎と下顎に手を突っ込んで、口を引き裂け！　そうすれば、こいつは、暫く君に手が出せない！」

怪物がぐわぁっと吠えた。真っ赤な舌と鋭い牙がそこから覗く。

恐怖に慄いて、彼女は再び悲鳴を上げた。

「嫌だっ！　そんなのできる訳ない！」

「早くするんだ！　いつまでも持たない！」

泣きじゃくるばかりのS戸さんの様子を見て、化け物女将は嗄《しゃが》れた声で笑い、勝ち誇ったように身を揺すって、少年の腕を解こうとする。

「早くするんだ！　早く……！」

泣きながら立ち上がったS戸さんは、悲鳴を上げて化け物の口に両手を差し込むと、渾身の力を込めて体重を掛け、一気に上下へと引き裂いた。

女将の断末魔の悲鳴が、部屋中に轟いた。


「その悲鳴に驚いて目が覚めると、私は女将の口を引き裂いた時の恰好で、ベッドの上に居たんです……」

娘の寝室から響き渡った絶叫に駆け付けた両親は、彼女の取り乱した様子から「いつもの発作」が出たと察し、車でいつもの「処置」をしてもらう寺へと駆け込んだ。門の前では既に住職が待ち構えており、三人掛かりでS戸さんを本堂へ担ぎ込むと、その場で魔祓いの祈祷を施してくれたそうである。

（何だ、この話は……？）

それが、この話を聞いた時の印象だった。

手に汗が滲んでいる。予知夢系の話と舐めて掛かっていた私は、その凄まじい内容にすっかり度肝を抜かれていた。

所謂、通常の心霊目撃談や体験談とは、全く手触りが違うものだ。しかも夢の話とはいうものの、最後の時点で、悪夢は現実へと侵食を始めている。

現にお寺の住職は、錯乱した状態の彼女に魔祓いを施したというではないか。


「どうでしょうか。籠さんは、この話をどう思われますか？」

今でもあの時の事を思い出すとこうなるんですと、S戸さんはブラウスの裾を捲って二の腕を見せてくれた。見事なまでに鳥肌が立っている。

私はというと、余りにも恐ろしい夢の怪異に、内心舌を巻いていた。どんなに怖かったと言えど、それは二十年も前に見たものである。これ程まで内容の詳細を記憶しているものなのだろうか。少なくとも「所詮、只の夢ですよ」などと、軽い言葉を掛けられる性質のものでないのは理解できた。

ではこの現象を、彼女に何と説明すればよいのだろうか。

その時ふと、ある嫌な事実が脳裏を過《よぎ》った。

それは伝承上のものではあるのだが、過去にこうした記述を、資料で何度か見た覚えがあるという事を。霊力の強い人間を好んで喰らい、その力を増強すると言われる存在の記述を。しかし、それを軽はずみに口にしてしまって良いものなのか。

私は慎重に言葉を選んで、彼女に返事を返そうと努めた。

「……どんなに恐ろしいものであろうと、夢は、所詮夢でしかありません。第三者が聞けば恐らくそういう事になるでしょう。だから書籍に載せるのは難しいと思います。でも、私自身はそれがS戸さんの身に起きた『実体験』だと考えます。事実、伝承系の資料の中には、それについての記述が幾つも見受けられるからです」

「……それって、何ですか？」

S戸さんが聞き返してくる。

果たして、それの名称を軽々しく口にしてよいものなのか。

大勢の人々でごった返すファミレスの店内で、私は暫しの間、返事に窮した。

「推測するに、S戸さんの元にやってきたそれは、単なる人霊の類ではないと思います。

それは、恐らく……」

「恐らく……？」

ずううううううううん……。


刹那。

突如響き渡った重低音に、私も彼女も言葉を失った。

座席が黒々と翳《かげ》る。窓の外のガラスに、何かがぶつかったのだ。

顔を上げた私とS戸さんが、その場で見たもの。

それは両手両足を拡げ、ファミレスの外ガラスに、ヤモリの如くへばりついた「女の子」の姿であった。

年格好は小学校の三、四年生位だろうか。

服装は逆光線になってよくわからない。ただ、両手と顔をガラスにべたりと押し付けて、こちらを見ながら、にやにやと笑っているのである。

不気味な少女は、凍り付く私とS戸さんを舐め回すように見渡すと、素早く身を翻して、その場から消えた。

「な、何ですか、今の……？」

S戸さんが、震える声で尋ねる。

「さ、さあ……」

そう言い繕うしか言葉が出ない。

偶然だ。これは幾ら何でも偶然だろう。私が心の中で「あの単語」を呟こうとした瞬間に何かが起こるなど、余りにもタイミングが良すぎる。

ここは、大勢の人間が歓談する、真っ昼間のファミレスの店内だ。

これではまるでホラー映画のワンシーンではないか。

そういうものは、深夜の、周囲に誰も居ない、一人きりの状況時にその歯牙を剥くものでないのだろうか。

何かの偶然なのだ、私は自分にそう言い聞かせて、気を取り直そうとした。しかし、そんなものの存在を肯定してもよいものなのか。

「さっき、私が言い掛けたのは……」

ふと見ると、S戸さんの視線が泳いでいる。

振り向くと、私達の座っているテーブルの袂《たもと》に、さっきの女の子が立っていた。邪悪な笑みを刻み、少女は私達に向かって、ゆっくりとした口調で呟いた。

「い・る・よ」

それだけを告げて、少女はアハハと笑いながら、再び走り去った。


（……いるのか……）

相手側から自身の存在を肯定されて、返す言葉も無い。

いるのか。そんなものが本当にいるのか。

しかも事件から二十年経った今でも、「そいつ」は彼女の身の回りをうろついてその隙を窺っているのかと、私は心の中で、何度も何度も反芻《はんすう》した。

そんな事が、あっていいのかと。

「今の子、何なんですか？　籠さん、さっきから何を言おうとしてるんですか？」

「……向こうから存在を誇示してきました。私もつい今しがた迄、そんなものが本当に存在するなど、露ほどにも考えていませんでした」

言葉を失うS戸さんに向かって、私は静かにこう告げた。


「さっきから私が口にしようとしているのは『魔物』という言葉なんです」

痩鬼

塾講師のI君とは、某オカルト系サイトで知己を得た。

当時、群馬県に住んでいた彼は、そのサイトのブログで自らの体験を淡々と綴っていたのだが、その目撃する「もの」が余りにも多種多様なので興味を持ち、私の方からコンタクトを申し出た事から、現在まで関係が続いている。

ある時、その理由を尋ねてみたところ、彼の実家は、今でこそ別の家業をしているが、本を糺《ただ》せば、ある大きな神社の神官筋の家系で、家紋もその神社と同じものを使用しているのだという。

つまり彼の「視てしまう力」は血筋の為せる業であり、他家から嫁いできたお母さん以外の家族は、全員それなりの不思議な体験をしているという事らしい。

その中でも感知度の一番「酷い」のが彼だという事で、なるほどと合点が行った。

ここでは、そんな彼の体験談を、幾つかご紹介する事にしよう。

数年前のその日、彼は某県の×××市に車で赴いた。

用件は恙なく終えたのだが、霊感の強い彼は人いきれに弱い。大勢の人間の流れに揉まれるだけで疲弊してしまうのである。軽い疲労を覚えたI君は、車を停めていたイオンモール駐車場のベンチで少し休む事にした。

このイオンモールは少し前まで、地方都市にありがちな、スーパーに毛の生えた程度の鄙びた店舗だった。だが近隣の土地買収を行い、大々的な改装と拡大を施して、近隣でも屈指の巨大ショッピングモールへと生まれ変わったそうである。

ただ平日であった為、その日の人出はそれほどでもない。

暫くすると気分が落ち着いてきたので、ベンチから立ち上がろうとすると、少し先の建屋の非常階段の脇から、奇妙な影が、じわりと滲むように躍り出た。

空間の暖簾をくぐって現れるかのような、実に唐突な出現だったそうである。

(何?)

そいつは左右を見渡しながら、駐車場の周辺を、ゆっくりと歩き出した。

そのシルエットがとても変なのだ。

色調が全体的に真っ黒で、まるで影法師のようだ。

そしてよく見ると、頭頂部には、突き出した二本の突起がある。

(人じゃない!)

そう思った瞬間、先方も彼の存在に気が付いた。

踵を返して、ゆっくりとこちらに向かってくる。慌てて周囲を見回すが、近くには彼以外の人影は無い。

異形は、ベンチで固まっているI君の目の前に立ちはだかった。

遠目に見た時よりも、遥かに巨大だった。

腰掛けていたとはいえ、身長が一八〇センチ超のI君が見上げたと言うのだから、どう見積もっても、その身長は三メートル近くある。

餓鬼のように、四肢の関節や肋骨が浮き出している体躯。

木炭のように黒光りする肌。

二本の角と、鋭い眼光。口元から覗く鋭い牙。

そいつがぐぐっと屈んで、首を傾げながらI君の顔を覗き込んだ。

張り詰めた空気が漲《みなぎ》る。

すぐ目前に、巨大で真っ黒な鬼の顔。

何をされるのかという緊張感。睨まれた蛙のようにI君は動けない。経過する時間が恐ろしく長く感じられたが、それは実質的に一、二分だったかも知れない。やがて、黒い鬼は顔を上げると、彼に興味を失ったような素振りで背中を向け、駐車場の反対方向に向かって、ゆっくりと歩き去っていった。


「うわあ、何だろそれ。怖かったでしょ？」

採話を行っていたファミレスのテーブルで、広げたノートに要点をメモしながら私が呟くと、彼からは意外な返答が返ってきた。

「いえ、急に出てきてびっくりはしましたけど、余り怖くはなかったです」

えっ？　と心の中で叫ぶ。私はペン先を止めた。

相手は餓鬼のようにがりがりに痩せ細った、身の丈三メートルの黒い「鬼」である。絵面を想像した私が怖いと思ったのに、当事者の彼が怖くないと言うのは非常に不可解だ。

第一、それでは怪談にならない。

「じゃあ、いつもの様に具合も悪くならなかったの？」

「そう言えばそうですねぇ」

違和感があった。

「その後にも、具合が悪くなる事が無かったの？」

先にも述べたように、霊感の強い彼は「性質の良くないもの」に遭遇すると、体調を崩す事も珍しく無い。出遭うものに依っては、二、三日寝込む事もざらにあるそうなのだ。

「そう言えば、あの日は普通に車を運転して帰りましたね」

どうも妙だ。いつもと呼吸が違う。

かと言って、長年の協力者である彼が、今回に限り嘘を吐いているようには思えないし、そもそも嘘を吐く必要も無い。しかし、恐ろしい筈のものを見て、恐ろしくなかったでは、話が破綻してしまう。

脚色として、無理やり怖がらせてしまうか、いや、あまり体験と掛け離れたものを書くのもどうしたものかと私が首を傾げていると、

「あの、これは関係があるかどうかわからないんですが……」

実は、I君はこの「黒い鬼」を以前にも数度、別の場所で見掛けた事があるという。それは件のイオンの駐車場近くにある、お寺の鐘楼だそうなのである。

「イオンが改装される前は、鬼はそこに居たんです」

「お寺？」

意外な話の展開に、私は目を丸くした。

鬼が出たなどという話だから、土着絡みの、おどろおどろしい伝説でも出てくるかと考えていたのである。

「鬼が、お寺の鐘楼なんかで、何をしていたの？」

「うーん、遠目からだったので。はっきりとは断言できませんが、何となく、踊っているみたいに見えました」

「踊っていた？」

餓鬼のような外観を持った「鬼」が、何故、寺院などで踊っているのか？


鬼。痩せ細った黒い外観。

無害。

寺院。変調を来さなかったＩ君……。


（あれ？）

要点をペンでメモり直すうちに、ある疑念が浮かんできた。

私はスマホのアプリを立ち上げると、その中からある画像を探し出した。

「その鬼の姿って、こんな感じじゃなかった？」

私のスマホを覗いたI君は、うーんと頷いて、

「似てます。何ですかこれ？」

「角大師」


「角大師」とは、本書を手に取っている読者の方々ならご存知だと思うのだが、天台宗の僧侶・慈恵大師・良源の有名な魔除け札を指す言葉である。

貞観二年（九八四年）、良源が亡くなる前年のある嵐の夜の事、居室にて禅を組んでいたところ、不意に一陣の隙間風が舞い込み、怪しの影が現れ出た。「其方は何者ぞ」と尋ねると、影は流行り病の神・疫神と名乗り「今、巷では流行り病が蔓延し、良源もその例外ではなく、その身体を侵しに参上した」と、不気味な声色でそう告げた。「どれ、私の小指に憑いてみよ」と良源が小指を疫神に差し出すと、途端に激痛や高熱が走った。「こんなものが流行っておるのか」と呟いた良源が真言を唱えて指を弾くと、疫神は取り憑いた指から跳ね飛ばされ、慄きながら逃げ去ったという。

翌日、良源は弟子を集めさせて、今から鏡に映る自分の姿を絵に描き留めよと命じると、その場で目を閉じ瞑想した。すると鏡の中の大師の姿が真っ黒な痩鬼の姿へと変化したの

である。弟子たちは悲鳴を上げて恐れ戦《おのの》いたが、ただ一人、明普という弟子だけが勇敢にその姿を描き留めた。その鬼の姿を札に摺って開眼させたものが「角大師」なのである。

この疫神が恐れ戦いたとされる角大師の御札は、大変な霊験があったとされ、これを貼った家では、流行り病に掛かる者が一人も出なかったとされている。


「マジですか？」

私の話を聞いたI君は、思わず呻いた。

「その鬼が居たお寺、今は浄土真宗なんですけど、昔は天台宗だったたって、広報か何かで見たんてすよ！」

どうやら直感は、正鵠《せいこく》を射ていた様子だ。

とはいえ、そんなものが実体化して街を歩いているのも驚きだが、同時に新たな疑問は幾つも浮かんでくる。

「でも、鬼の正体はわかったけど、お寺の鐘楼で踊っていた「角大師」が、どうしてイオンモールの敷地をうろついているって事になるんだけど」

少しの間を於いて、I君はこう答えた。

鬼の居たイオンモールは改装される前まで、スーパーに毛の生えた程度の鄙びた感じの店舗で、今ほど建物の上背も無く、件のお寺の高台に位置する鐘楼は、遠くからもよく見えたそうなのである。ところがここが改装を行った事により、周囲からは、この鐘楼が全く見えなくなったという。

お寺の対角線上の先には、現在、学校や公園。児童施設等がある。

I君はこちらの関連で×××市を訪れたのだが、以前はこの辺りからも鐘楼はよく見えたそうなのだ。

「あっ、そうか！」

角大師は、いわゆる「災厄・疫病除け」である。

「それって、イオンが拡張しちゃって「角大師」がこの街の高台の鐘楼の上で疫病や災厄が蔓延《はびこ》らない様、自身の存在を誇示していたのに、建物の陰になっちゃって、見えなくなったので、仕方ないから鐘楼から降りて、周囲の見回りに出始めたって事？」

「多分、そうじゃないかと。地域住民らを護ってるんだと思います」

蛇足ながら、この「瘦鬼」の採話を行ったのは二〇一九年である。

この話を書くにあたり、ふと思うところあって調べてみると、彼が「鬼」を見たという×××市は県下でも指折りの人口集中都市にも拘わらず、現在流行中の新型コロナウイルスの感染者が驚くほど少ない。累計感染者総数で一桁。そして、原稿を仕上げているこの時点（二〇二〇年十月）で、市内の感染者数はゼロなのである。

地域の人々の厚い信仰の賜物とも言えるのだが、神仏というものは、こうして見えない場所から災厄の蔓延を防ぐべく、日夜働いている存在なのかも知れない。

雨の日に

同じく、I君から伺った話である。

彼は、お盆やお彼岸に、母親に付き添って母方の実家の墓参りに同行した際、その墓地で、何度か不思議なものを見たそうである。

祖母と母親が墓石を綺麗に洗い、雑草を取り除いているその周辺で、幼稚園の年長さん位の男の子が、土いじりをして遊んでいる姿である。時には墓石の周囲を駆け回っていたり、帰途に就こうとする彼らに向かって手を振っている。

にっこり微笑むその笑顔は、外国の人形の様に彫りが深く、とても愛らしい。

しかし、その男の子の姿は母や祖母には視えていない様子なので、この世の人ではないという事だけはすぐに理解できた。

（あれは一体、誰なんだろう？）

そして、ある年の墓参りの後、祖母を送り届けたのちに、I君は母親に向かって、その不思議な子供の事を打ち明けた。

するとと母親は大きな溜め息を吐いて、彼にこんな話をしてくれたそうである。


——昔、昔の話なんだけど。

そう、昭和の初め位の頃の話になるのかしら。

ちょうどこの土地で、悪い病が流行《はや》ったのよ。病名は忘れてしまったけど、流行り病でね。大勢の人が亡くなったらしいの。

その病で犠牲になった人達の中に、ある一家のお母さんと子供が居てね。

お母さんは、家に小さい子供が二人もいるから、とても気を付けていたんだけど、家事・子育てで、日々少しずつ疲労が溜まっていたんでしょうね。うっかり、その流行り病を貰ってしまったのよ。

そのお母さんから、当時小学校に入ったばかりの、下の弟に病が伝染《うつ》り、まだ幼かったその子は、罹病して数日で亡くなってしまったの。

そしてお母さんの方も、自分が罹った病で子供を死なせてしまった罪悪感からか、容態が一気に悪化して、一週間後に亡くなってしまったそうなの。

二人の亡くなった日は、ちょうど梅雨の時期だったらしくて、空に重たい鉛色の雲が垂れ込めていて、小糠雨《こぬかあめ》がしとしとと降り注ぐ日だったそうよ。

その家の上の子供は女の子だったんだけど、ほんの十日余りの間に母親と弟を亡くしたのがとてもショックだった様子で、部屋に引き籠もるようになってしまい、学校にも行かなくなってしまった。その子もまだ三年生位だったそうだから、無理も無いのだけど、父親は仕事が忙しく、娘の心情を理解していても、彼女を構ってやる暇も無くて、苦肉の策で、後添えさんを貰ったそうなの。

その方は気立ても優しく、女の子の心情にも同情して後妻に入ったんだけど、娘の方は母親を亡くしてまだ間もないのに、余り良く知らない女の人を「お母さん」と呼ぶ事も甘える事もできず、かえって女の子を疲れさせてしまい、暫くの間、関係がぎくしゃくした状態のままだった。

後妻さんは大変心の優しかった方で、時間を掛けて女の子の心情を理解しようとしていたそうなんだけど、女の子の方はまだ子供でしょ？　こんな人、早く出ていけばいいのにと思って、後妻さんに反発するような行動や言動を繰り返したそうよ。そして、隙を見ては自宅の仏間に入り込んで「お母さんは何で私だけ置いて×××と行っちゃったの？　毎日がつまらない、苦しい、寂しくて仕方が無い」と泣いていたそうよ。父親はほとほと困り果てていたけど、この後妻さんが本当にできた方で、気のすむまで見守って上げましょうと接してくれたので、女の子はそのまま、我儘を通す事がまかり通っていたの。

ところが半年程すると、今度はその女の子が流行り病に掛かってしまった。

父親や後妻さんは手厚く看病をしてくれたけど、女の子の容態は悪くなっていくばっかりで、あの一階の仏間に布団を敷いて寝かされていたの。


その日もやはり、小糠雨の降り注ぐ、どんよりとした雨の日だったそうよ。

熱に浮かされて魘《うな》されていた女の子がふと気付くと、庭の玉砂利をじゃりじゃりと踏み締める足音がする。買い物に出た後妻さんが戻ってきたとも思ったんだけど、仏間の窓ガラス越しに庭を覗くと、遠くから、背中に小さな子をおんぶした、見覚えのある女性の姿が、降り注ぐ雨の中に浮かんだそうなの。

（お母さんだ！）

女の子は布団から飛び起きて、庭に面したガラス戸にへばり付き、雨の中を砂利を踏み鳴らし歩いてくる母親の事を、目を輝かせて待ち受けたの。

（逢いたかったよう。話したい事が沢山あるよう……）

泣き笑いの表情を浮かべている女の子のいるガラス戸越しに、弟を背負ったびしょ濡れの母親は、生前と変わらぬ優しい微笑みを浮かべていたそうよ。

――よく頑張ったわね。

ごめんなさい。お母さんは×××が一人で逝けるかが心配で、一緒についていってあげる事にしたの。でもあなたの事もとても心配。毎日が辛そうで泣いてばかり。

だから、あなたも一緒に連れていく事にしたのよ。

さ、お母さんと一緒に行きましょう――

そうして、びしょ濡れの手を差し出された時、女の子はそれまでの気持ちが飛んでしまって、悲鳴みたいな、大きな声を張り上げたそうよ。

――やだっ、何でそんな事を言うの。お母さんなんか大嫌い！　――

ふと気が付くと、女の子は二階で仕事をしていた父親と、後妻の女性の二人に抱きかかえられて、介抱されていたそうよ。

「お母さんが来たの」

女の子が、今起きた事を二人に告げると、

「そうだな。二階で仕事をしていて、ふと窓の外を見たら、庭に二つの火の玉が見えてな。それからお前の悲鳴が聞こえて、急いで降りてきたんだ……」

父親がそう告げると、女の子はぼろぼろと涙を零しながら、

「私、酷い事言っちゃった……。お母さん、折角逢いに来てくれたのに」


お母さんなんか、大嫌い！　の女の子のひと言に、母親は「ごめんね」と寂しく微笑んで、泣いている弟を背負いながら、小糠雨の彼方へ消えていったそうよ。

女の子はその後気が遠くなって、縁側の廊下に倒れ込んでいたのを、二階から駆け下りてきた父親が見つけて、買い物から戻ってきた後妻さんと、一生懸命介抱していたらしいのね。

女の子はその日から、我儘をやめて、父親の言う事をよく聞くようになり、後妻さんにもなつくようになった。家庭内は次第に明るくなって女の子は元気を取り戻し、そして無事に成長して学校を卒業し、良い方と知り合って所帯を持ったの。

その女の子の弟さんなんだけど、そう、あなたから見ると、お祖母ちゃんの弟さんに当たる方、当時、外国人の子と見間違うような笑顔の似合う、とても可愛らしい美少年だったそうよ。もう、七十年以上前の話らしいけど。

お母さんも、お祖母ちゃんから、子供の頃に聞いただけなんだけどね——

「多分、僕よりずっとずっと年上なんでしょうけど、きっといい子なんだと思ってます、あの子の事……」

そう言って、I君はこの話を結んでくれた。

野槌

「先日、自宅の庭に奇妙なものが現れました……」

本書「物忌異談」の原稿執筆中に、I君からのメールが送られてきた。

書き出しにはそう記されていて興味を持ち、どんな内容なのかをひも解いていくと……。


二〇二〇年九月頃の事。

朝六時過ぎ、彼が自室の寝床でウトウトしていると、

「ぼわー」

「ぼわー」

という、奇妙な声が階下から聞こえてきた。

農作業に従事している父親は既に出掛けており、兄は前日から具合が悪いと言って自室に引き籠もったままである。時計を見ればそろそろ起床時間でもあるので、I君は寝ぼけ

眼で起き出した。

「ぼわー」

その異音は、どうやら玄関の方から聞こえてくるようだった。

(何の音だろ、これ?)

音の正体を確かめようと、玄関の引戸を何げなく開き、彼は仰天した。

土の上に、異様なものが横たわっている。

それは、全長一メートル、太さ三十センチ弱の、真っ黒い丸太のようなシロモノ。

一瞬、巨大な蛇かと思ったが、頭部や尾部に掛けてのくびれが無く、上から下まで一直線の寸胴ボディが、ゆっくりと地面を這っているのである。

そいつには目も鼻も無く、移動している姿も、蛇というよりは、蚯蚓《みみず》や蛞蝓《なめくじ》のそれを連想させた。鈍重な佇まいで動きもゆっくりだが、ふと見れば、家屋伝いにそいつの這った跡が三、四メートル程残っている。

不可思議な音の正体は、そいつの声だったらしい。

一瞬怯んだI君だったが、動きが鈍そうだったので大丈夫だろうと判断し、履物を突っ掛け、やや離れた場所から観察を始めた。

この世に属するものでない事は、すぐにわかった。

何故ならそいつの輪郭は、繊毛のようなものに覆われ、滲んだように霞掛かっていて、実像がはっきりしない。蜃気楼の様でもあるのだが、実体は伴う様子で、土の上にはずるずると、そいつの這った跡が刻まれていく。

取り合えず、襲ってくる気配は無さそうに見えた。

ふと反対方向に目をやると、白衣に袴の女性が立っている。

誰？　と思っている間に、その女性の姿は消えてしまったが、同時に庭先の異形にも奇妙な変化が現れていた。実体に見えていたその胴体部にまで、外周の滲みが広がっていくと、蠢動《しゅんどう》する黒い丸太ん棒は、そのまま霧散するように消えてしまった。

時間にして、一分位だったろうか。

よくありがちな事であるが、I君もそこで漸く「写真！」と気が付いて携帯を持ち出してきたが、既に丸太ん棒の姿は無く、それでも異形の這った跡を撮影して報告メールと一緒に、画像を添付してくれていた。

かく言う私の方であるが、I君からのメールに目を通している内に、ある姿が脳裏を過っていた。かの有名な、鳥山石燕の妖怪絵図「今昔図画続百鬼」に描かれた、ウサギを呑み込む妖怪・野槌の図である。

「野槌《のづち》は草木《そうもく》の霊《れい》をいふ。又沙石集に見えたる野槌といへるものは、目も鼻もなき物也といへり。」

それって、こんな姿をしていなかったかと、ネットで見つけた石燕の画像を取り込んで彼に返信すると「本当だ、そのまんまです！」との返事があり、その後にこんな文章が添えられていた。

「でも『野槌』って、映画『トレマーズ』のグラボイズみたいな、でっかいヤツかと思ってました……」

実は、私自身も某妖怪巨匠の人気アニメにあった「ひでり神」のエピソードの影響で「野槌」とは、山よりも大きい巨大な怪物のイメージを持っていた。今回の件で鳥山石燕の記述をお浚《さら》いし、この妖かしの本来の全長を知り、その一致に驚いた次第でもある。

この件については後日談があり、彼の父親と兄が数日後に庭掃除をしていると、人間の毛髪が絡まり合ったような、不可解な塊を発見したそうである。気持ちが悪いのですぐ処分してしまい、彼自身はそれを見ていないという事だったが、この二回目の連絡を貰って、嫌な想像が脳裏を過った。「野槌」は、時に「人間を呑み込む事もある」と伝承には記されているからである。

I君、それちょっと危なかったんじゃないかと返信メールを送ると「そう言えばあの時、僕は一段高い場所から『あれ』を観察していたんです」という返事が戻ってきた。「野槌」は坂を登れないので高い場所へ逃げろと言う言い伝えも存在するのである。ただ残念ながら、この件はコロナ禍の影響で長距離移動の自粛が推奨されている時期の出来事であり、現場の実況見分をする事は叶わなかった。

少々失礼な物言いとなってしまうが、私は、彼が次にどんなものを目撃するのかと、いけない期待を膨らませてしまう。

この世はやはり、不思議なものに満ちている。

姿を消した白衣の女性の正体については、わからないままだそうだ。

予言

I君の視る力は血脈によるものである。

その血の素養が色濃く表れているのが彼なのだが、同じ理由でI君以外の家族も大なり小なりの怪現象に見舞われているそうである。そしてそれは自宅内でも頻繁に起こるらしい。ここではそんなエピソードを紹介してみたいと思う。


その日、彼の家では、いつもの様に、平穏な夕餉の時間を迎えていた。

母親が夕食のおかずを居間の食卓に並べ、祖母と父親、そしてI君が食卓の座に着いたが、兄だけがまだ、二階の自室から出てこない。

母親が廊下に出て、階段の下から「×××、ごはんよー」と呼び掛ける。

「うぃーす」と返事が聞こえたので、そのまま準備を続けていると、二階の扉の開く音、続いてトントンパタパタと階段を下りる足音が聞こえ、居間の手前でピタリと止まった。

ところが、いつまで経っても兄は襖を開かない。

「何だ、あいつ何やってんだ？」

変に思った父親が廊下に繋がる襖を開くと、そこに兄の姿はない。廊下を見回しても、誰の姿も見当たらない。

「あれっ、今、足音したよな？」

I君を含む家族全員が顔を見合わせた。

父親が顔を顰めながら襖を閉めて、元の座へと戻る。

殆ど同時にサッと襖が開き、そこには兄が立っていた。

全員が仰天した。まるで手品だ。父親が思わず声を上げる。

「お前、何やってんだ？」

「い、いや、違うんだってば！」

兄はしどろもどろになりながら、今しがた自分の身に起きた出来事を、家族の前で説明し始めた。


――それに依れば。

部屋でゲームをしていた兄は、階下から母親に呼ばれてゲーム機のスイッチをオフにし、ごく普通に部屋の扉を開いて、ごく普通に階段を降り、ごく普通に皆が待っている筈の居間の襖を開いた。

すると何故か、そこは仏間だった。


（えっ？）


状況が呑み込めない。

ここは長年住み慣れた自分の家である。

いくら何でも居間と仏間を間違える訳が無い。もう一度目を凝らしてみたが、そこは間違いなく彼の家の仏間である。

そして仏壇の前には、こちらに背中を向けて顔は見えないが、中年、或いは初老に差し掛かろうとしている位の年齢の男が正座をしていた。

見覚えの無い雰囲気の人物だった。

「あの、どちら様……」

兄が問い掛けると、男は振り返る事も無く、ぼそりと低い声で呟いた。

「六月○×日……」

兄は慌てて襖を閉じた。

慌てて左右を見回す。そこはやはり居間の前の襖である。

(何だよ、これ……?)

動転した兄がもう一度襖を開いてみると、食卓に着いていた家族全員が、仰天顔で彼を見上げていた――。


通常の家族であれば、ここで、てんやわんやの大騒ぎになるところなのだが、先に述べている通り、I君一家はそういう家系である。他所から嫁に来た母親以外の家族は、普段からそれなりの不思議事に出くわしているので「またか」という空気となり「わかった。もういいから飯を食え」というお父さんのひと言で、その場は取りあえずの収拾が付いた。


この件に、はっきりとしたオチが付いたのは数か月後の事。

その年の六月、彼の自宅のある県で、マグニチュード五・四の直下型地震が発生し、隣接するM市で十数人の死傷者が出たのである。

幸い彼の家の被害は軽微であったそうなのだが、兄は家族の前で「ほれみい」とドヤ顔を刻みながら、得意げにガッツポーズを取ったという。

「ま、日付が十日以上ずれてましたんで、精度にかなり難アリなんですが」

他にも、偽物の母親が現れて家族をからかったり、玄関先で行きずりの幽霊が「少し休ませてほしい」と祖母にお辞儀をするなど、怪異現象が頻発するI君宅なのだが、それらについての報告は、次の機会に譲りたいと思う。

樹海から

Oさんの話である。

彼がまだ免許を取って間もない頃、仲のいい友人とドライブがてら、山梨県にある富士急ハイランドに遊びに出掛けた。

季節は二月。

冬の真っ只中の寒い日であったのだが、彼等は運よく屋外スケート場に来ていた二人連れの女の子のナンパに成功し、四人で様々なアトラクションを乗り回った。次第に雰囲気もいい感じになり、閉園時間となっても女の子達はまだ帰りたくないという。所謂ＯＫサインだ。

若者同士の「暗黙の了解」を敏感に読み取ったOさんと友人は、もう少し雰囲気を盛り上げようと女の子らを車に乗せて、そのまま河口湖周辺の道路を走り始めた。

途中、ありふれた世間話から高じて怪談話が始まり、それが車内でそこそこ盛り上がった。

「それだったら、ちょっと樹海の方にでも行ってみようか」と水を向けると、女の子らは行こう行こうと盛り上がる。

Oさんは、心の中でガッツポーズをしながら、車を方向変換させた。

富士吉田から国道一三九号を、鳴沢村方面に向かってハンドルを切る。

自殺の名所としてテレビの心霊番組で有名な青木ヶ原樹海というと、遊歩道入り口から歩いて入るイメージがあるのだが、実はこの一三九号は樹海のど真ん中を通過している。従って、実は車で乗り入れた時点で既に、樹海の中に足を踏み入れている事になる。

やがて、鳴沢の中心部を通り抜けると、道幅は一気に狭くなり、周辺には人家も無いので、真冬の日の落ちた時間帯には対向車の姿も見当たらない。

富士山の麓にある樹海は、先にも述べた通り、テレビ特番の悪影響で自殺の名所のイメージが先走るが、実はよく整備された普通のハイキングコースで、コースさえ外れなければ特に危険な場所でも何でもない。

勿論この時、Oさんらも女の子らと「胆だめしウォーキング」をするつもりはなく、ただ雰囲気を盛り上げる為にやってきただけなので、車を寄せられる空き地を見つけて停車すると、悪戯心でライトを消した。途端に辺りは真っ暗となり、女の子らが悲鳴を上げる。

人工の光の存在しない、重たい質量の、原初の闇。

その迫力は効果満点で、助手席で怯える女の子に「大丈夫、大丈夫」と肩を抱き寄せても嫌がりもされない。後ろをチラ見すれば、後部座席の相方も首尾バッチリだ。さて、この後はどうやって二人を口説き落として、近隣のラブホまで辿り着こうかと思案していた、その時。

「あれ、何だろ？」

助手席の女の子が不意に声を上げた。

遠くの暗闇の中に、白いものがフワフワと動いている。

「人じゃない？」

そんなまさかと、Oさんは鼻で笑った。こんな夜遅くに住居の無い場所で、灯りも持たずに人が歩ける訳ないじゃん、と呟きながら、車のライトを点灯するとハイビームに切り替えて、道路を照らし出した。

ハロゲンライトの光輪が、アスファルトの先を照らし出す。

車の中の四人は息を呑んだ。

樹海の闇へと延びている、真っ暗な道路の向こうからやってくるのは、はだけた浴衣姿の、髪の長い女だったのである。

（浴衣……？）

Oさんは息を呑んだ。二月のど真ん中の富士山麓である。彼も友人も二人の女の子も、防寒着でばっちり固めている。

そんな最中、浴衣一枚で樹海を歩いているなど考えられない。

ライトの光に浮かぶ女の顔は真っ白で、能面のように無表情だ。

しかも車に近づくその姿は、歩くというよりも、地上十数センチを滑るようにして、物凄い速度で彼らの車へと向かってくる。

助手席の女の子が悲鳴を上げた。

今度は本物の悲鳴だ。後ろの女の子もそれに続いた。

「O、車出せ！」と友人が叫ぶ。

能面女は、はだけた浴衣の袂から白い胸元を覗かせながら、音も無くすぐ目前に迫っている。その距離、あと三十メートル。

Oさんはギヤをバックに叩き込むと、アクセルを踏み込んで距離を取り、そのまま大慌てで車を急転回させて、その場からフルスロットルで逃げ出した。

よくある怪談のように、能面女がそのまま疾走する車の後を走って追い掛けてくる事は無く、彼等は無事に市街地まで戻る事ができた。

しかし、女の子達がパニック状態になってしまったので、楽しみにしていたラブホでの甘いひと時は、とうとう諦めざるを得なかったそうである。

半額スーツ

「ほら、何とか紳士服とか、街道沿いによくあるヤツ。一着買うと二着目半額とか。まあ、それならスペアがあった方が便利と思ったんで、ええ。新品でしたよ。だから呪いとか祟りとかは関係ないと思いますけど……」

電子機器メーカーの営業職であるSさんは、そんな理由で半額品ラックの中から二着目を探したが、体格の良い彼に合う品はそのスーツだけだったそうである。

しかし、ある理由で全く袖を通さなかった。

——そんな週明けのある日。

ふと気が付くと、Sさんはそのサービススーツを着て会社に向かっていた。

(あれ？　何でこれ着ちゃったかな？)

途中で首を捻ったものの、気にせず出社すると、朝一番に突然、上司から静岡への出張を言い渡された。首尾よく商談を纏め東京に帰ろうとすると、携帯に電話。

名古屋に納めた製品にシステム障害があり、そちらへ向かってほしいとの事。エンジニアのＳさんは機器の調整も扱える。ホテルを取り翌朝名古屋の顧客先へと向かってトラブルを解消、すると奈良県の企業でも同様のシステム不備が発生、その晩も出張先で宿泊、戻るとまた電話が。京都の自治体で機材導入を検討しているので、翌朝一番でプレゼンに向かってほしいとの事。

さすがに不穏な流れを感じ始めた。

だが、商談を無事に纏めると上司は「明日は有休扱いにするから、週末京都見物でもしてこい」と気を利かせてくれた。勘ぐり過ぎだったかと気を取り直し、部屋で缶ビールを傾けていると、気付けばそこは実家のある大阪から程近い。今日はのんびりして、明日にでも顔を出してみるかと思案していると、再び携帯が鳴った。

実家の兄嫁からだった。


父親が突然倒れて、たった今救急車で搬送されたという。

慌ててタクシーを拾い病院に駆けつけると、父親は既に息を引き取っていた。

死因は脳溢血。

「お前、その恰好……！」

泣き濡れた母親と兄夫婦が、怒ったような表情で彼を振り返った。

Sさんの着ていたそのスーツは、無機質でしっとりとした黒一色。

喪服と呼んでも過言ではなかった。

「そんな験の悪い服を着るからだと、母親からは滅茶苦茶怒られました。出先だったんでそのままネクタイとベルトだけ換えて葬儀に参列しましたが、結局誰もビジネススーツと気付かなかったんですよね……」

その不吉な半額スーツは、袖を通して、また誰かが亡くなっても困るからと言う理由で、カバーを掛けて、クローゼットの一番奥に押し込めてあるそうだ。

黒い石

M佳さんの母親は、ちょっと変わっている。

どう変わっているのかというと、不意に実家から嫁ぎ先に電話を掛けてくる。

「あんた、今、どこか具合とか悪くしてない?」

とか、

「今日あんた、仕事から帰ってくる時は気をつけな」

とか、そんな具合。

すると、彼女の方では急に体調を崩して寝込んだり、夜道で怪しい男に追い掛けられたりする。

昔から、ずっとそんな感じだったそうだ。

実家は元々戦国武将の家系で、近代でも軍人さんを多く輩出しており、彼女の曽祖父も日露戦争でロシアの艦隊と闘った海軍の将官クラスだったという。

そのせいなのか、先祖代々の墓地の敷地がやたらでかい。

周囲を塀がぐるりと囲み、ちょっとした廟《びょう》を連想させる。

中央には、先祖代々の古くて大きな墓があり、その右横に分家筋の普通サイズの墓があるのだが、なぜか左側はがらんと空いている。

ある年に彼女は実家に里帰りした折に、その件について母親に尋ねてみた。

実は、M佳さんのご主人の田舎は交通の便の大変至難な場所にあった。

辿り着くまでに時間も交通費もべらぼうに掛かるらしく、ご主人の兄弟も滅多に墓参しない。

従って、お参りに来る人が大変少ない。

将来そんなお墓に入ることに、彼女は多少の危惧を覚えていた。

そこで、自分達のお墓を立てる用地として、あの墓地の敷地を融通してもらえればいいなという、ちょっとした助平心があったのだという。

だが、あの空いている敷地に墓を建てたいという事に話が及ぶと、母親は露骨に顔を曇らせた。

「あそこは駄目だ」

「えー、何で？　生きているうちに墓を建てると長生きするっていうじゃない？」

何を言おうがテコでも譲らない母親の態度をM佳さんは不思議に思った。

今まで、何だかんだ言いつつも、わがままを聞いてくれていた母親である。祖母だって孫のM佳さんの事は可愛くて仕方がない。決して駄目とは言わないだろう、それがこの件に関してだけは、母親は頑として聞き入れようとしない。

そこで彼女は、墓地の敷地は諦めるから、その理由を聞かせてほしいと尋ねた。

母親は渋い顔をしながら、こう答えた。

「あそこの敷地に、黒い庭石があるだろう？」

M佳さんは頷いた。

それはひと抱えもあるような黒いつやつやした庭石で、確か祖母が、ある石材屋で一目惚れして、そこに据えたものだと聞いている。

「あれがどうかしたの？」

「あん中に、封印されてるもんがおる」

M佳さんの目は一瞬、点になった。

何を言い出すのかと思ったが、不意にこれまで母の不思議な言動が脳裏に甦った。

確かにあの庭石を置いてから、祖父は突然亡くなってしまったし、祖母の方も現在体調を崩し気味だ。

「あんなもんがおる石を墓の横に置くなんてと思ったが、そんな事を言ったって誰も信じやしないし、祖母ちゃんも昔の女だから、嫁に口出しなどされたくないだろうしな」

では、何が封印されているのかと尋ねてみると、なかなか話してくれない。

「口にするのも憚られるもんだから」

それでも少しだけ、と食い下がると、母親はこう言った。

「脚があって、蛇のように長いもんだ」

意味がわからず目を白黒させていると、側で話を聞いていた弟が溜め息を吐きながら、別室でこっそり教えてくれた。

「でかい百足だよ。姉ちゃんは本当に気楽でいいよな」


「結局、それが見えていなかったのは、自分だけだったんです」

彼女だけが父方の血が濃いのか、霊感と全く無縁なのだという。

やがて、調子を崩していた祖母が亡くなると同時に、墓地の黒い石は姿を消した。

「母親は『泥棒に盗まれた』なんて言っていますけど」

ところで。

石が無くなった事で、M佳さんはもう一度墓地の件を掛け合ってみたのだが、母親の態度はそれまでと全く変わらないのだという。

「考えてみたら、石が来る前から、ずっとあそこは空いていたんですよ」

まだ何かあるんでしょうね、とM佳さんは締め括った。

家の中の墓

「あれって今では法律でいけない事になっているんで、それが何なのかは全然わからないんですけど……」


Fさんの話である。

東京二十三区内、都心まで三十数分という、交通至便な私鉄駅前の西口。

そこに、件の廃屋はあった。

改札から徒歩二分程の商店街の道路沿い。

色褪せて壊れた看板には「×××工務店」という文字があり、賑わう駅前通りの中で、朽ち果てて傾いた店舗の姿は、どこか異様だった。

とはいえ立地が良いには間違いないので、きっと持ち主が、地価が吊り上がるのを待っているのだとFさんは思っていた。

そしてある時、とうとうその廃屋に業者の手が入った。

工事看板には建築予定に『S村邸　二階建て二世帯住宅』とあったから、恐らくどこかの富裕層が、親との同居を目論んで購入したのだろう。

ところが建屋が撤去された更地には、奇妙なものが立っていた。

きちんと根石から設えてある、古びた墓。

工事用の金網フェンス越しにそれを見た彼は目を剥いた。それはどう考えても解体された工務店の建屋の中にあったとしか考えられなかったからだ。

（どうして、家の中に墓が……？）

それだけではない。そこを境に工事は中断してしまった。

通勤時に現場前を必ず通るFさんは、あれはどういう由来の墓なのだろうと疑問に思ったが、墓石は通りに背を向けて立ち、墓碑銘は読めない。流石にフェンスを乗り越えてまで確認する踏ん切りは付かなかった。

現場は約一年間、そのままの状態で放置されていたそうである。

ところがある日、前を通り掛かると、作業服姿の監督らしい人間を含めた数名の男性が墓の前で何かをしている。そして翌日に墓石は撤去され、工事が再開した。

暫くして、現場には大きめの瀟洒《しょうしゃ》な住宅が建った。

だが、それは二階建てではなく三階建てとなり、しかも何故か一階部分は賃貸となっている。この物件は駅の目の前という好条件にも拘わらず、なかなか埋まる事が無く、たまに居住した店子も半年程で出ていってしまう。

現在も、そこは空いている。

もうひとつ、この家の一階左端には、奇妙な区画が存在する。母屋とは完全に独立した鎧戸が閉めっ放しの部屋である。

外側にドアが一枚あるだけで、人の出入りは見た事も無いし、エアコンの室外機も見当たらないので、居住空間ではない様子だ。

「結局、墓は撤去されたのでは無く、あの部屋に移されただけなんじゃないですかね？前の工務店も似たような理由で、墓そのものは動かす事ができず、そいつを包み込むように建屋を立てたんじゃないかと思います」

キリストの墓

実話怪談を追い掛けていると、時折、これは本当の事なのだろうかという体験や事実にぶち当たる事がある。

ここに紹介する異談もやはり、頑固な思考の方や、怪異をロマンとして楽しむ以外が目的の方には、到底受け入れられない部類の話、所謂「あり得ない」話であり、話の内容を信じる、信じないは、再び読者諸兄に任せたいと思う次第である。

青森県三戸郡《さんのへぐん》新郷村《しんごうむら》戸来《へらい》に「キリストの墓」という場所が存在する。

私がこの不可解なスポットの所在を知ったのは、小学生の頃だった。

その時分といえば、まだ時代も大らかだった様子で、学校が夏休みの時分のお昼時にはワイドショー等で必ず怪奇・心霊特集なる特番が組まれていて、私は毎日これを見るのを心待ちにしていた。

その時の特集は、確か「日本全国の怪奇スポット」なるサブタイトルが付いていたかと記憶している。その中に、この青森県戸来の「キリストの墓」がちらりと映ったのだ。番組内で解説などは一切なく「なぜ青森にキリストの墓があるのだろう？」という事だけが、子供心に強く印象に残った。

ただ、小学生の私にとって、青森という土地は途轍もなく遠く、おいそれと行けるような場所では無かった。そして、そのまま数十年の時が流れて、今現在、どういう縁なのか、青森県にある家人の実家に里帰りをするようになった訳である。


初めのうちこそ怪異体験の連続で楽しみとなっていた下北半島の帰省ではあるが、それでも年に二回の行程が定番となると「あちら側」も慣れてしまったのか、すっかり身の回りに何も起きなくなってしまった。

かの有名な死者のふるさと恐山でも、一度だけ不思議体験をした切り、何も起こらない。顔見知りとなった家人の知己らからも、概ねの話は聞き尽くし、一週間の休暇を取得しての大遠征だというのに、私個人としては、少々物足りなさを感じるようになっていた。

そんな理由で実家近隣の曰く付きスポットでも探索してみるかと思い立ち、ネット検索を掛けたところ、先に紹介した新郷村戸来の「キリストの墓」が引っ掛かってきたのである。

小学生の頃に見た、心霊特番のワンシーンが、脳裏へと蘇る。

「今年の盆は、実家に帰る時すがら、ここに立ち寄ってみたい」と、私は家人に向かってそう切り出していた。二〇〇九年八月の事である。

さて、長年憧れていたスポットへの実地調査に行ける段取りが整い、当然の事ながら、私は「キリストの墓」の正確な位置やアクセスを調べると共に、その由来や周辺情報などの事前調査を行ってみた。

だが、その結果は惨憺《さんたん》たるものであった。

この新郷村の「キリストの墓」について詳しく書かれたサイトを二、三閲覧したのだが、どの記事でも結論は全く同じで、ここにキリストが葬られているという信憑性は全く無く、単純に周辺の自治体が観光スポットとして祀り上げた場所に過ぎないらしいという事なのである。

その由来をかいつまんで紹介すると、

──昭和十年、青森県新郷村戸来にあるこの場所を、ある人物が訪れた。

男の名前は竹内巨麿《たけうちきよまろ》。

茨城県磯原町（現・北茨城市）にある皇祖皇太神宮の宮司を名乗る人物で、彼は新郷村で一、二を争う旧家である沢口家の裏にあった二つの土饅頭（墓所）を発見すると「これぞキリストの墓なり」という指摘をした。

この竹内巨麿の家には「竹内文書」という古文書が伝わっており、神代文字で記された文書と、それを天皇の勅命により漢字とカタカナに訳された写本により構成されているものだという。その竹内文書の一節に「イスキリス・クリスマス、福の神。八戸太郎天空神。五色人に遣わし文」という記述があり「イエス・キリストは、ゴルゴダの丘で弟のイスキリとすり替わり、日本の八戸に上陸、そのまま伝道を重ね、この地で百六歳まで暮らし、そして亡くなった。その墓が『十来塚《とらいづか》』という」と書かれた箇所が存在するのだそうである。

竹内巨麿はこの文書の内容を確かめるべく新郷村を訪れて、先に述べた沢口家の二つの土饅頭を発見したという──。

これが青森県新郷村にある「キリストの墓」の、大雑把な由来である。

ところが、この「竹内文書」というのが、オカルト学的には有名な書物ではあるものの、キリストの他にモーゼも日本に訪れていたとか、ピラミッドの発祥は日本であり、それがエジプトに伝わったというトンデモ記述が数多く存在していて、現在では完全に偽書認定、それ故に、この場所も竹内巨麿が、古くからそこにあった沢口家の墓所を無理やり「キリストの墓」と断言したに過ぎないという事が定説になっているそうである。

では、なぜ偽物とわかっていて、地元ではそれを「キリストの墓」と呼ぶのか。

実を言うと、この場所は偽物認定されて以来、地元では暫く放置されていたらしい。ところが一九七〇年代のオカルトブームにより雑誌や小説で取り上げられ、再び脚光を浴び始めた。

ちょうど私が、例のワイドショーでこの場所の存在を知った頃である。これに目を付けた地元の商工会や観光協会が村興しの手段として、その名目を利用するようになったとサイトには記されていた。

以来、この場所で開催される「キリスト祭」はテレビや雑誌で日本有数の奇祭として取り上げられ、毎年数百人の観光客がこの祭を見に新郷村を訪れるという。

「真偽の程はどうかとして、この地には古代の謎とロマンがある」

つまり過去にこの場所を「キリストの墓」と呼んだ人物が居た事を売りとして、現在観光客を誘致しているに過ぎず、地元でもおとぎ話として割り切った対応をしているらしい。ちょっと変わっているのはキリストを題材にしている点なのだ。

なるほど、偉人や武将の逸話や伝説を地元と結び付けて、それを観光資源にしている場所は他にも沢山ある。この青森県新郷村もそういった場所のひとつに過ぎないという雰囲気であった。

サイトを閲覧し終わった私は、その内情にがっくりと肩を落とした。ただの観光地に過ぎないのなら、怪談めいた逸話はここからは得られないだろうと。

(まあいいか。怪談綴りとして、そういう場所に立ち寄ってみたというだけでも、何かの話題になるだろうし……)

もはやオカルトスポットとしての魅力は失せてしまったが、それでも一度足を運ぶのも悪くないと考え直し、その年の夏の帰省は、新郷村に立ち寄る予定を組んだのである。

いよいよ当日。

その日の朝、当時乗っていた愛車スカイラインが突然故障を起こした。車のジェネレーターの警告ランプが点灯したかと思うと、駐車場でそのまま沈黙してしまったのである。

慌てた私は近所のレンタカー屋に走った。

こんなお盆の真っ只中に貸し出し車両が残っているかと不安に駆られたが、辛くも一台のダイハツムーヴが今戻ってきたという店員の話に胸を撫で下ろし、その車を借り受けたのだが、東京を出る時刻は、優に二時間半の遅れを要してしまった。

下北半島にある実家までの所要時間は、休憩を含めて約十二時間。

出発の遅れはそのままダイレクトに行程に反映する。朝方のアクシデントのお陰で、岩手と青森の県境付近まで達した頃、既に時刻は午後二時を回っていた。

そこから実家まで、一般道をまだ二百キロ弱走らなければならない。今回の日程は中止しようかと家人に持ち掛けたが、冬場の帰省ではもっと道路事情が悪いだろうから、夏場の今の方が日も長くていいという言葉を掛けてもらい、そのまま新郷村へと向かう事にした。


八戸道を南郷インターで途中下車し、そのまま国道四五四号に沿って新郷村へと向かう。村へと向かう道は、国道とはいうものの、途中で道幅が結構細くなり、勾配もきつい個所もある。それ程のスピードは出せない。

「キリストの墓」に到着した時刻は、既に午後四時を回っていた。

夏場でまだ日が高いのは助かったのだが、併設されているキリストの墓伝承館の閉館は午後五時で、できればそちらも覗いていきたい。駐車場に車を乗り入れて家人にどうするかを尋ねると、面倒臭いので車で待っているという。

手持ち時間は余り無い。私は車のキーを家人に渡して、駐車場から続く急勾配の階段を駆け上がり、目的の場所である「キリストの墓」へと急いだ。

階段を登り切った「そこ」に白い柵に囲まれた土盛りがあり、木製の十字架が掲げられていた。

(ああ、小学生の頃、テレビ放映で見た、あの場所そのものだ)

思わず私は感慨に耽った。

墓の前には二十代位の女性が二人、先客として訪れていて、携帯で写メを撮っている。駐車場にあったもう一台の車は彼女らが乗ってきたものだろう。

こちらに気を遣ってはまずいと思い、少し離れた後ろから「墓」を見ていると、すぐ脇の築山の中に碑があり、そこにイスラエル政府から送られた、この場所とエルサレムとの友好の証として贈られた云々という内容が刻まれた石碑とプレートが据えられていた。

(観光目的の場所としては、随分と大仰だな)

そんな事を考えていると二人の女性が伝承館の方に向かったので「墓」はそのまま貸し

切り状態となった。観光として訪れるには際どい時間でもあったので、その後に訪れる者は無く、私は暫く「墓」の前に佇んでいた。

高台にあるその場所を、夏にしてはよい風が吹き抜けたのを覚えている。ただの観光地にしては雰囲気がいいなと思いつつ時計を見ると、既に午後四時半を回っている。伝承館が閉まってしまう。

私は「キリストの墓」を携帯画像に収めると踵を返して、敷地の奥に建てられている、洋風の建物に向かって歩き出した。その時だった。

(そちらではない)

そんな声が聞こえたような気がして、私は足を止めた。

振り返っても誰も居ない。

何だ、今のは？　と思いながら周囲を見渡す。

辺りに人影は無く、そこに在るのは、キリストの墓所と、辺りを吹き抜ける心地よい風と、傾き掛けた夏の日差しだけ。

(そちらではないって、どういう意味だ……？　伝承館へ行くなって事か？)

首を傾げながらも、再び伝承館に向かおうとすると、目の前にあった「キリストの丘公園」の全体地図が目に入った。

何げなくそれを見た私の目が「点」になった。

墓が二つあるのだ。

ちょっと待て、これはどういう事だ？

恐らく地元の人間か、オカルト知識に精通している方であれば御存じだったのだろうが、実はこの新郷村の「キリストの丘公園」には、墓所が二つ存在しているのだ。それは「キリスト本人」のものと、身代わりになってゴルゴダの丘で処刑されたという弟の「イスキリの墓」なのである。

ところが私は先にこの場所を調べた時に「キリストの墓」が単なる観光地に過ぎないと言うサイトの記事を読んで落胆してしまい、その後の事はろくすっぽ調べもしなかった。

だから、この場所に墓が二つある事を知らず、駐車場から続く階段を登り切った場所にあった墓所を勝手に「キリストの墓」と思い込んでいたのである。よくよく案内図を見直すと、私が撮影したのは「イスキリの墓」であった。

あっ、と小さな声を上げて踵を返す。

サイトに書かれていたこの場所の記事に落胆して、事前調査を途中で放棄したのが祟ったようであった。ここで気が付かなければＳＮＳなどに間違って「イスキリの墓」の方を「キリストの墓」と紹介していたところであった。

謎の声に感謝しながら、さっきの場所まで戻ると、エルサレム友好の証の碑の向こうに、もうひとつの白柵に囲まれた十字架が見えた。

慌ててその前に立つ。

相手は「キリストの墓」なのだが、私は思わず仏教式に合掌をしてしまい（こういう時は十字を切るべきなのか）と珍妙な自己問答をしたのを覚えている。とにかく、よくわからないのだが、本物の「キリストの墓」が「こっちだよ」と教えてくれたような気分に陥っていたのだ。

（ありがとうございます）

一礼してから、今度は本物の「キリストの墓」を写メに収めると、もう一度深く頭を下げ、また再び合掌をしてしまった。どうにも性根が日本人らしい。

苦笑いをしながらその場を後にして、私は伝承館へと向かった。

閉館まであと二十分しかない。こんな時間ギリギリに訪れる来館者を嫌がらないかと考えながら、私は受付の女性に「まだ大丈夫ですか？」と声を掛ける。

先程の、あの不思議な声の事は、すっかり頭の中から消えていた。

下北の実家に到着したのは、午後七時近かった。

義父母はにこやかに私達を待っていて、地元の魚がふんだんに盛られた刺身料理でもてなしてくれた。到着時刻が遅かったので、ビール片手に近況を少し語り合うといい時間となり、その日は早く休む事にした。

布団を敷いて就寝寸前（と言っても、まだ十時そこそこであったが）に当時親しかった数人の友人に「今日は青森にある『キリストの墓』に立ち寄ってみました」と、画像を添付した報告メールを入れた。

すると。

そのうちの一人から、すぐに返信が戻ってきた。

当時、私に怪談ネタを多数提供してくれていたMという女性である。

反応が随分早いなと思いメールを開く。そこにはひと言。

「これ、キリストが写ってる」

一瞬、目が泳いだ。

えっ、と思い、送信した画像を見直すが、よくわからない。

当時まだスマホは珍しく、ガラケーが主流の時代であり、勿論自分の携帯も御多分に漏れずガラケーであった。そんな理由で表示される画像のサイズも現在とは比較にならないほど小さい。

ただ、この友人は、何気に見せた写真や写メの中の霊的なものをすぐ見つけ出すし、神社の拝殿の画像などを送れば「磯の香りがする」「商売繁盛の神様だね」と言い当てるほど霊感が強かった。

とはいえ、送られてきた返信メールに対し、私は大いに戸惑った。

改めて、そんなものがどこに写っているのかと問い合わせのメールを返すと「地面のところ。ズームして見てごらんよ」との返事が戻ってくる。しかし私の当時の携帯に拡大機能は付いていなかった。

それでも。

あの「キリストの墓」で、背後から呼び止められた記憶が、蘇ってきた。

（そちらではない）と語り掛けられたあの時、あの場には、私の目には見えなかった何者かが居たとでも言うのだろうか。

その年のお盆の帰省は、結局、妙にそわそわしたものとなった。

やがて下北から戻ると、私が一番にした行動は「例の画像」をパソコンに取り込む事だった。田舎から送信していた携帯の画像データを保存して、モニター画面に再生させる。

顔から血の気が引くのがわかった。

十字架のある土饅頭の部分に横たわるような雰囲気で、両手を広げた人物像が写り込んでいるのだ。ちょうど顔の部分は白柵で分断されているので、ガラケーの小さな画面ではわかり難い。

しかし。パソコンの大型画面で見ると、そこには顔があった。

日本人特有の、つるりとした人相ではない。目鼻立ちのはっきりとした、彫りの深い、外国人特有の顔立ちの人物である。

(何だ、これは……?)

パソコンの前で、私は暫く凍り付いていた。


観光目的で祀り上げられた、古代の聖人の墓所とされる場所。

その伝説を裏付ける古文書は「偽物」であり、その信憑性は科学的にも歴史考証的に見ても出鱈目で、そこはただの観光スポットの筈だった。

すると、私が写したものの正体は、一体何だと言うのか。あの時、私に声を掛けてきたのは、この画像の人物だったのだろうか。そして、本当にこの場所には、村に伝わる、伝説の通りの人物が葬られているとでも言うのだろうか。

「キリストの墓」の画像は、今も私のパソコンの中に保存されている。この世には「あり得ない」話など、幾らでも存在しているのだと、私自身はそう認識している次第なのである。

兄が見る

用があり今実家にいます。

帰ると一体何があったのか、顔が変わってしまった兄がいました。

まさか恋なのか恋愛なのか結婚なのか……お酒を止めたっていうのが有力だけどちょっと期待。

そんな兄は危ないかどうかわからないけれど、たまに怖いことを言います。

昨夜寝ようと部屋の前を通ると、そこから顔を出し……、

「なぁ、お前ちょっと、窓から外見てみろ」

何？　何もないけど……と私が言うと、何もないだって？　とお兄さんは首を傾げながら窓の外を見て、

「いないな。まあ良いや。えっどうしたかって？

……ああ、窓からさ隣家の洗濯機が見えるだろ？　そこに子供がいたんだよ。隣は寮やっ

てるしこの時間でも誰かの妹がいると思ったんだけどさ、何か変なんだよ。

今日、隣の寮、人いないだろ？

それに洗濯機の上にイスを置いて座ってるんだ。まあ暗いしそんなに近い訳じゃないから細かいとこはわからないけれどさ、その子、全く動かないんだよ。

ジッと止まったまま、只隣家を見ているんだ。

それに目がさ、でかい。

顔の大きさに目があってないんだよ。

なっ？　変だろ。

夜中の十二時過ぎ、目の大きい女の子が一人、洗濯機の上でイスに座って、只見てるって……。人形かと思ってたんだけど、今見たらイスごと無いし、お前、あれと目が合わなくて良かったな」

兄は、そういう意味で、時々怖いことを言います。


ずっと以前に頂いたメッセージなのだが、目撃の臨場感がよく伝わってくるので一部を除き、ほぼ原文のままで紹介した次第である。

水神の社

「能楽・鉄輪」で有名な京都の貴船神社は、反正天皇の御代（約一六〇〇年程前）に、神武天皇の母である玉依姫が「黄色い船」に乗って当地に上陸し、水神である淤加美神《おかみのかみ》（※淤加美は雨冠に口三つと龍でオカミとも）を祀ったのが起源といわれている。

平成二十四年の夏、歴女のKさんはこの貴船神社を訪れた。

人気どころの観光地で、休日は混み合うだろうとわざわざ有休を取得して平日を選んだのだが、意外な事に灯籠の連なる参道や本殿には誰の姿もない。大勢の観光客で賑わっている名勝地を想像していただけに、しんと静まり返った境内は意外な感じだった。

貴船川のせせらぎの音と蝉しぐれだけが、参道の敷石に響き渡る。

人気の無い本殿を後にして、七百メートル上流に位置する奥宮へと向かったが、参道中程にある結宮を過ぎても、誰一人すれ違わない。

少々心細くなってきた。

それでも奥宮の朱塗りの神門を潜ると、拝殿前には二組ほどの参拝客が居た。胸を撫で下ろしながら彼らの後ろに付くと、先に来ていた参拝者は、神楽殿に似た雰囲気の拝殿の前で拍手を打ち、そのまま二礼をして踵を返した。

あれっ？　とKさんは首を傾げた。

拝殿の先には、更に独立した本殿があり、ちろちろと炎が揺れる二つの灯籠の間に賽銭箱が設けられている。

だが、二組目の老夫婦も、拝殿のみの参拝で帰ってしまった。

（あそこまで、行ってもいいんじゃないかな？）

そう思ったKさんが、拝殿を回り込んで本殿へと向かおうとしたその時。ぶわん、と奇妙な音を立てて、目の前に何かが立ち塞がった。

それは、大人の掌ほどもある、巨大な黒い蜂である。

〈無礼者！〉

蜂は、彼女に向かって罵声を浴びせると、羽音も高らかに杜の中へと消え去った。

（む、虫が喋った……？）

仰天したKさんは本殿の前で、暫し呆然と立ち竦んでいた。

それにしても、無礼者とはどういう意味なのだろう。

そこは伊達に歴女ではない。

あれこれと考えを巡らせて、ふと思った事があった。

Kさんはその時、肩口と胸元が大きく開いた夏用のワンピースを着用していた。その肌の露出度が、貴船の神の機嫌を損ねたのかも知れないと思い、大慌てでバッグの中からショールを出して肩と胸元を覆い、改めて本殿の前に立った時、彼女は、もうひとつの事実に気付いて愕然となった。

灯籠に、火など灯っていなかったのである。そこには蝋燭や火種はおろか、焦げ跡すら残ってはいなかった。

彼女は本殿に深く頭を下げ、自身の至らなさを心から詫びた。

「多分、神様たちの感覚というのは、社に祀られた時代の感覚が基準になっているんじゃないかと思います。世間では寺社ブームとか、パワースポットブームとか言われていますけど、ああいった場所を、現代のこちら側の感覚だけで捉えていると、場合に依っては、とんでもない目に遭うんじゃないですかね？」

Kさんはしみじみとした表情で、そう語ってくれた。

龍神の宿り木

貴船と並んで、水神、龍神で有名な神社と言えば、長野県にある諏訪大社であろう。古事記によれば国譲りの儀に於いて、天孫軍のタケミカヅチとの力比べに負けた剛力無双の神、タケミナカタが逃げ延びた場所と呼ばれているが、諏訪の伝承に依れば、その後の出雲の神在月の際に、集まった神々の中に諏訪神の姿だけが見えない。彼らが文句を口にし出すと「儂はここにおるぞ」の声。

見ると、出雲大社の社殿を三回り半もしている巨大な龍神の姿があり、その身体は下諏訪の高木に尾を掛けたまま、出雲まで届いていた。あまりにも巨大な為に社殿に入る事も大儀であろうと、諏訪の神は神無月に出雲に出向く事を免除され、以来、諏訪地方も十月が神在月と呼ばれるようになったという。

また、余談ではあるが、昔懐かしいＴＶアニメ「日本昔ばなし」の冒頭に登場する太鼓を持った子供を背に空を舞うあの龍神も、諏訪の神であるそうなのだ。

二〇一九年の十月、諏訪の神在月の頃、私は、近年フィールドワークを共にしている知己のY本さんと、この諏訪大社を巡っていた。山梨県北杜の郷土資料館で開催された「動物の神様」の特別講演〈御坂のニホンオオカミ頭骨と甲斐周辺の狼信仰〉に参加すべく現地に赴いた訳ではあるが、講演開始は午後からである。どうせここまで来るのなら、少し足を伸ばし、諏訪大社を回って参拝を済ませてから現地に行こうとY本さんをお誘いした訳である。

私自身は既に何度か訪れていたのだが、Y本さんは諏訪大社に初めての来訪で、目に留まるもの全てが目新しく、参道や境内のあちこちにスマホを向け、シャッターを押していた。

そんな中、ふと先を見ると、境内の置き石に腰掛けて、参拝者の流れを目で追っている中年の男が居た。

年の頃五十代初め。黒のスウェットの上下を身に着けた、筋肉質あんこ型の体形は、どことなく堅気の人と違う雰囲気を放っている。所謂ヤ○ザの空気を纏うこの男性に、私は些かの警戒感を覚えた。とはいえその時期は行楽シーズンでもあり天候にも恵まれて、周囲には大勢の参拝客が行き交っていた。そんな中で迂闊な事も仕掛けては来ないだろうと考えているうちに、だんだん男との距離が縮まってくる。

すると、私達と視線が合った男が、こちらに向かってちょいちょいと手招きをしてきた。

（あちゃ、やっちゃったかな？）

目を付けられたと思った私が脳裏で対応策を巡らせていると、スウェットの男はそのいかつい外観に似付かわしくない、不可思議な言葉を放った。

「あんたたち、『龍神の木』って知ってるかい？」

彼の突然の声掛けに、私とY本さんは顔を見合わせた。

龍神の木？

そんなものは聞いた事が無い。恐らく知る限り、神社のHPでもネットの書き込みでも見掛けた覚えがない。知名度こそ無いが一応私は怪談綴りでそれなりの情報通を自負しているし、同伴のY本さんも寺社に関しては事情通だ。その二人が顔を見合わせた位である。

一体どこに、そんなものがあると言うのだろう。このヤクザ風の男性がその手の事情通とは思えないのではあるが。

「知らないんなら案内してやるよ。こっち来な」

男は置き石から立ち上がると、スタスタと歩き出した。

私とY本さんは視線で会話を交わし頷くと、謎の男の後に従う事にした。

突然声を掛けてきた男の真意は測り兼ねるが、水を向けられた言葉は大いにそそられる。とはいえそのまま境内の外に連れ出すような素振りが見えたら、すぐに引き返すつもりであった事も、念の為に付け加えておく。

「ほら、ここだよ」

スウェットの男が案内したのは、境内の片隅の一角だ。

そこには一本の大きな木が生えているのだが、ひと目みて不思議な印象を覚えざるを得なかった。

「俺はよく、ここいらに居るんだけど、この木の前で、しょっちゅう人が手を合わせてるんだよ。坊さんとか拝み屋とか修験者とか。この間来た女性は占い師とか言ってたな。有難い有難いって、みんな口を揃えてさ。だから、ある時その中の一人に『ここで何してるんだい？』って聞いてみたんだよ」

こちらから問うた訳でも無いのに、男性はその木の説明を始めた。

「この木には「龍神」が宿っているんだと。根っこの方がキラキラ光ってるんで、遠くからでもすぐわかったって言うんだよ。本当の話だからね」

男の話に耳を傾けながら、私はその木の幹の真ん中辺りに視線を遣った。

どういう事なのかよくはわからないのだが、その木の幹は真ん中から段になっている部分があり、まるで「人」という漢字のように、二本の木が癒着して一本の木を形成している印象がある。

そして、その横から合流している部分が、確かに木の幹に抱き付いている龍の姿に見える。手前に張り出している木の根は、まるで三本爪の龍の足のように見えた。

「Y本さん、あれ見て。あそこにちゃんと龍の頭部が見える」

「あ、ホントですね」

その木を見上げている私達の少し後ろで、再び近くの置き石に腰掛けていた男が声を掛けた。

「拝んでいた連中も言ってたけど、御利益あると思うからさ。いっぱい撫でさせてもらいなよ」

その言葉に従って、私は龍形を象っている側の木肌に触れてみた。

御多分に漏れず、この諏訪大社の杜に植えられている木も、大抵は杉の木であり、その樹皮の表面はガサガサしているのが普通である。だが、木の幹に横から抱き付いて龍に見える部分は表面が滑らかで、質感がしっとりとしていた。

(何で、こんなに手触りが違うんだろう?)

午前の陽射しの中で、その姿は恐ろしく神聖なものに思えた。

ここを見付けた方々の気持ちがわかる気がして、私も思わずその木に向かって、両手を合わせた。

諏訪大社への来訪はこの時で四回目に当たったが、こんな場所の存在は全く知らなかった為、もう少し詳しい事情を尋ねてみようかと後ろを振り返ると、スウェットの男は、既にその場から居なくなっていた。

Y本さんは夢中になってアングルを変えながら、龍の木の姿を何枚も画像に収めている。仕方が無いので私も木の全体像や頭部に見える部分、三本爪の脚の部分等をスマホに収め、ひとしきりの撮影の後、順路の方を見ながら、Y本さんにこう問い掛けた。

「ねえ、変だと思いません？」

「何がですか？」

私は参道順路の方を指さした。

そこには老若男女、大勢の参拝客の姿が行き交っている。

「あの人が順路の脇にいるの、だいぶ前から気付いていたんですよ。堅気の人っぽく見えなかったので、絡まれたら嫌だなと目を付けていたんで。でも、声掛けの理由があんなだったなんて予想付かなかったですけど。ただ、こんなに一杯参拝者が来ているのに、あの人、何でうちらにだけ声掛けてきたんですかね？」

「そう言えばそうですよねえ」

Y本さんもふと気が付いたように、そう漏らした。

あれだけの参拝者の中から、男がなぜ怪談綴りと神仏フリークのペアである私達に白羽の矢を立てて龍神の宿り木の事を教えたのかは全くわからない。偶然にしてはでき過ぎのお話なのではあるが。

自己陶酔的な解釈なのだが、諏訪大社の神様が「遠くからよく来たな。お前達こういう話を探しているんだろう？　土産話にひとつ提供してやるよ」と、大社の隠された不可思議のひとつを提供してくれたのではないかなと考えている。

なお、この木の所在については、先に記したように、神社公認のものではないので詳しい位置は記せない。ただ、キチンとした目的を持って社を参拝に訪れる方には「あちら側」から、もてなしの気持ちで導いてもらえるのではないだろうか。

忌み地

「樹海から」に登場するOさんから伺った話である。

今から三十年ほど前の事。

Oさんの父親は茨城県の資産家で、経営者としての才も確かであり、当時複数の会社を経営していた。そんな父親が持つ独自のコネクションから、県南部のある箇所に、新しく国道が開通するという情報を入手したそうである。

商売に対して目利きである父親は、その路線予定地域の真っ只中で事業を起こすべく、手頃な価格で売りに出ていた広大な面積の土地を購入した。その時点では単に山林を切り開いた程度の造成地で、接続している道路もどん詰まりの袋小路に過ぎないが、国道が開通して山の向こう側との行き来が楽になれば、いい商売ができるという目論見があっての事だった。

ところが、購入した土地に事業施設や新しい住居を建てる為、重機を入れると、とんでもない事が発覚した。

掘り返した土の中から、多くの人骨が出てきたのである。

工事は一時中断され、連絡を受けた警察が調査を行ったところ、発見された人骨はかなり古いもので事件性は無く、また、Oさんの父親が購入したその土地は以前墓地があったらしく、悪質な土地業者が、それらの移転を杜撰《ずさん》に行い、知らぬ顔をして売りに出していた事も判明した。

通常の器の人間なら、戸惑いを覚えたかも知れない。

だが、経営者として辣腕を振るっていた父親は、そんな事など気にもせず、掘り出した遺骨をひと纏めにして近くの寺で供養を行うと、地ならしを終えた土地の上に製鉄工場、パチンコ屋やゲームセンター、立ち食いうどん屋などを備えた複合施設を作り、それらの建屋の裏手に住まいを構えた。

Oさんの父親が、この土地に於いて事業を始めたのは裏の理由があり、実は、長男であるにも拘わらず、半グレで学校を卒業しても定職に就こうとしないOさんを無理やり仕事に就かせようという魂胆があった。

彼は父親の目の届く場所で、パチンコ屋、ゲームセンター、うどん屋の店舗管理を任されたそうである。

その場所の異変は、初め些細なものだった。

当時、半グレでやや家族の厄介者的な存在であったOさんは、仕事に就くにも幾つかの条件を突き付け、そのうちの一つが、敷地内に自分専用の住居を用意する事であった。そんな理由で父親らの住む母屋から少し離れた場所に、冷暖房の完備されたプレハブ住宅が建てられた。Oさんはこのプレハブの中で家族とは別個に自分の気ままな時間を過ごしていたのだが、当時大学生であった弟が、彼の仕事中にこのプレハブに入り込み、備え付けのテレビゲーム機で勝手に遊ぶようになっていた。

ところが、ある日その弟が顔を合わすなり「兄貴、よくあの部屋に居られるな」と呟いたきり、部屋に来なくなってしまった。変な奴だなと思ったりしたが、生真面目で出来のいい弟とは昔から余り反りが合わない。父親も彼に事業を継がせたがっているのを承知していたので、特に気にもしなかったそうである。

だが、目の前を横切る道路の開通工事が始まり、何十台もの工事車両がそこに行き来するようになると、変事は次のステージに移行した。

Oさんが管理を任されていた店舗のうち、パチンコ屋とゲームセンターの開店は十時からだったが、広い駐車面積を持つその場所は、山を切り崩した土砂を運ぶダンプ達の絶好の待機場所となったのである。掘り起こされた土砂を運んでナンボのダンプの運転手らは、朝早くからそこに車を駐車して、食事をしたり仮眠を取ったりしながら、ひたすら自分らの順番を待ち受ける。料理が好きだったOさんは、任されていた立ち食いうどん屋を早朝から開店させて、彼らを相手に商売を行っていた。

そして、ある早朝の事。

Oさんが店を開ける早々、一人の運転手が転がり込んできた。

顔色が真っ青である。様子がおかしいので事情を尋ねてみると、その運転手は、いつもの様にダンプを駐車場にとめて寝泊まりし、工事現場の開始を待ち受けていた。すると、突然ぐらぐらと、車体が激しく揺れ出したのである。

(地震だ、大きいぞ!)

運転手は慌てて車外に飛び出した。そしてその異常に気が付いた。

地面が全く揺れていない。

そして近くに停車している仲間らのダンプも、全く普通である。

しかし、自分の乗っていたダンプだけは、目の前で揺れているのである。重さ十トンを越える車体が大きく左右に、ユッサ、ユッサと。

怖くなった運転手は、開店していたOさんのうどん屋に飛び込んできたのだという。同じような事が、その後何度も起こり、複数の運転手が店に駆け込んでくるという事態となった。そして、彼らの話を総合すると、ダンプが揺さぶられる場所は、彼の住んでいるプレハブ住宅前の駐車スペースだという事が判明した。やがてその件は、出入りする運転手らの間で噂として広まり、そのスペースを利用する者は居なくなってしまったそうである。


そして、とうとう怪異は、Oさんの身にまで押し寄せてくるようになった。

ある晩の事。いつもの様に部屋で寝ていると、不意にパチッと目が覚めた。

プレハブの外に何やら人の気配がする。時計に目を遣ると午前二時。

(誰だ、泥棒か……?)

布団の中で息を殺していると、ザッザザッザッという足音が聞こえる。

外に何者かが徘徊しているのは間違いない。それも一人や二人ではなく、大勢の人間の足音だ。更に耳を澄ませていると、ぶつぶつと何かを呟いている声が聞こえてきた。

——南妙法蓮華経南妙法蓮華経南妙法蓮華経南妙法蓮華経南妙法蓮華経南妙法蓮華経妙法蓮華経南妙法蓮華経南妙法蓮華経南妙法蓮華経南妙法蓮華経——

（お経だ……！）
そう思った瞬間、ステレオ装置のボリュームを最大にしたかの如く、部屋中に大音響の経文が響き渡った。

――南妙法蓮華経南妙法蓮華経南妙法蓮華経南妙法蓮華経南妙法蓮華経南妙法蓮華経妙法蓮華経南妙法蓮華経南妙法蓮華経南妙法蓮華経南妙法蓮華経南妙法蓮華経南妙法蓮華経南妙法蓮華経南妙法蓮華経南妙法蓮華経南妙法蓮華経妙法蓮華経南妙法蓮華経南妙法蓮華経南妙法蓮華経――

同時に部屋のドアノブが、物凄い勢いでガチャガチャと音を立て始めた。

Oさんは情けない事にベッドの中で失神した様子で、気付けば翌日の朝であり、あれだけ大勢の足音がしたというのに、外には足跡すら残っていない。そんな夜が何度も続いたが、家族の前では無頼を気取っていたOさんは「怖いので引っ越したい」とも切り出せず、ベッドの中で布団を被り、震えて過ごしたそうである。

ところが、怪異はここから飛び火して、隣接している鉄工所に移った。

ここに勤務していた従業員らが、突然の事故や病気などで次々と倒れ始め、運営が思うように任せなくなり、僅か数年で経営状態が悪化してしまったのである。時列系が前後してしまうが、追加取材で判明した事実として、この鉄工所に勤務していた工場長、課長、現場主任の三人は、工場閉鎖後、数年内に全員死亡したという。

また、国道工事の進捗状況も思ったより長引いて、店舗施設の営業成績も振るわず、月々の銀行の返済費用も賄えない。母屋側でも何があったのかは定かではないのだが、辣腕の企業家であるOさんの父親の判断は早かった。

国道の開通予定で地価の上がったその土地を、あっさりと売り払ったのである。

Oさんが数年間勤め上げた複合施設と鉄工所は閉鎖され、従業員らは系列の会社へと異動、或いは出向となり、彼の一家は別の土地へと引っ越した。この墓地跡の土地に纏わる数々の怪異を体験していたOさんは、内心ホッとしたそうである。

それから半年後。

工期の遅れていた国道も無事に開通し、かつて住んでいたあの土地の前をOさんが車で通り掛かると、そこには有名アミューズメントの看板を掲げた巨大パチンコパーラーが、ネオンの灯も鮮やかに営業を行っていた。

更にそれから数年。

当時付き合い出した女性とドライブをしている時、不意にこの地であった怪異を思い出したOさんは、それを面白おかしく話して聞かせると、そこに連れていってくれとせがまれた。仕方なく例の国道を登っていくと、そこには只の更地だけが広がっていて、あの巨大パーラーは、影も形も無くなっていたそうである。

襖絵

東京都青梅市御岳に位置する武蔵御嶽神社は、埼玉県秩父市にある三峯神社と並んで、関東圏の御眷属様信仰の社として有名な場所である。

太古の昔、日本武尊が東方への遠征時に、この山の周辺で深い霧に巻かれ、道に迷った。すると、白黒二匹の大きな山犬が現れて、尊の軍勢を西北へと導いた。尊はこの二匹の山犬に感謝を述べて『其方らは大口の真神としてこの山に留まり、すべての魔物を退治するように』と命ぜられたという伝説が、この社には伝わっている。また、文化庁映画賞文化記録映画優秀賞に輝いた小倉美恵子さん原作の映画「オオカミの護符」の著書や宣伝ポスターに使用されているのも、この武蔵御嶽神社の「御眷属様札」なのである。

そうした霊山の名に違わず、古の昔から存在する信仰の山である故に、不思議な言い伝えは数多く残っている。

だが、私自身は、本書の姉妹編である「方違異談」に紹介したような、狼の神格を連想させる鮮烈な体験を、こちらの御嶽ではまだしていない。そうした御眷属信仰に纏わる話では無いのだが、この武蔵御嶽神社で私が体験した、不思議な体験をひとつ紹介したいと思う。

二〇一三年の年の暮れの事である。

その時、私はお借り受けしている「御眷属様札」、いわゆる「狼札」の更新に武蔵御嶽神社を訪れていた。

様々な僥倖《ぎょうこう》を経て、私がこの社に初めて「狼札」の借り受けに訪れたのが十一月の後半であった為、毎年、更新の為に神社へ訪れるのは、十一月の後半から十二月の初旬である。

この武蔵御嶽神社のある御嶽山は、霊山であると共に、現在は様々な見どころのあるハイキングコースとしても有名で、手軽な装備で山登りを楽しめる為、四季を通じての登山者が絶えない。山頂の拝殿前では、ハイカーやランニングトレイルがてらの参拝者がひっきりなしに拍手を打っている。

しかし、冬の最中の昇殿祈祷者となると、それほど数は多くないらしく、大抵更新時の昇殿祈祷は、私一人だけの貸し切り状態で行われる。

ちなみに秩父三峯神社では狼札の借り受けを「御眷属様拝借」と呼ぶが、こちらの武蔵御嶽では「御眷属様貸出」と呼んでいて、一番初めの借り受け手続きの時に、なかなか話が通じなかったという思い出もある。

　その年の更新時もまた、拝殿に上がるのは私だけだった様子で、社務所の隣に位置する昇殿者待機所の大広間に一人正座して、社務所からの呼び出しが掛かるのを静かに待ち受けていた。

　外からは、拝殿に参拝する人々のざわめきの声や、拍手の鳴り響く音が洩れ聞こえている。傍では、暖房用のダルマストーブの炎が轟々と音を立てていた。

そんな最中、ふと、いつもとは違う雰囲気に気が付いた。

待機所の中に、仄かな香りが漂っているのだ。

御香、或いは線香の香りである。

　さて、何が違うのかというと、神社と寺院という場所は、その手の方面に興味のない人間にとって、どこが違うのかと言う疑問から始まる。

　それを端的に説明すれば、片方は神道、片方は仏教を信奉しているという事に落ち着く。従って、場所にも依るのだろうが、寺院では一般的に、仏様が喜ぶと言う香を焚き上げるが、神社で香を焚いているというのは、今のところまだお目に掛かってはいない。ましてやこの武蔵御嶽の境内で、香を焚いているのを見た事も、匂いを嗅いだ事も無いのだから、とても奇妙に思ったのである。

香りは、私の居る待機所の中から匂っていた。

しかし、辺りを見回しても、ストーブの炎が唸りを立てて燃えているだけで、香を焚いている様子など微塵も無い。

私は腰を上げて左右を見回し、匂いのする方向を捜してみた。

香は社務所と待機所を仕切る襖の方から漂ってくる。そちらに向けて歩を進めると、更に生花の香りまでがそこに加わった。

私事ではあるのだが、私はアレルギー性鼻炎を持っているので、あまり鼻が利く方ではない。そこに匂ってきたのだから、それなりの濃さであった筈である。

襖に近寄ってみた。

社務所と待機所を仕切る襖には、戯れ遊ぶ緑と青の唐獅子が達筆な調子で牡丹の花と共に描かれ、端には絵の作者であろう「×××某」なる署名がされていた。

御香と花の匂いは、明らかにこの襖絵から漂っている。

しかし、そこには香も無ければ生花の姿も無い。妙だなと思って首を傾げていると、その香りは、不意に消えてしまった。

ほぼ同時に、からりと襖が開き、三宝に祈祷札を載せた神職が顔を覗かせる。

「御祈祷の準備が整いました」

私は目の前の神職に向かって、こんな質問を投げ掛けた。

「御神職、つかぬ事をお尋ねしたいのですが、こちらの神社では、社務所などで御香を焚く事はございますか？」

ひょっとしたら、何かの理由で、本日は社務所で香が焚かれていた可能性もあると考えたからである。

「いえ。どうかなされましたか？」

壮年の、威厳に満ちた顔付きの神職は、不思議な顔付きで私を見た。

「いや、先程まで、この待機所に御香と生花の匂いがしてまして。どこから匂うのかなと思いましたら、こちらの襖絵からだったんです。変だなと思ってましたら不意にその匂いが消えてしまいまして。そうしましたら、御神職が襖を開かれて私を呼びに来たもので……」

三宝を持った神職の瞳が丸く見開かれ、その唇が「ほお」という形を描く。それから何かの含みを帯びた表情を刻みながら、

「取り合えず御祈祷を。お話はその後で」

神職が拝殿の大鏡の前で、禊祝詞を荘厳な口調で読み上げる。

御幣が振られ、身体を清めた後に、本殿の内陣へと進み上がり、榊を供え、頭を垂れて、二礼二拍手一礼。

「御眷属借受・継続の儀、恙なく終了致しました。本日は、誠に以て、おめでとうございます」

祈祷を終えた御眷属札が神職の手によって祈祷壇から下げられ、三宝に載せられ目の前に運ばれてくる。一礼して札を受け取ると、件の神職が口を開いた。

「先程の件なのですが、御存じのように当社は神社でありますから、境内で御香を焚くような事はございません。ただ……」

神職はそこで姿勢を正すと、私の目を真正面から見据えて、こう告げた。

「貴方様のご指摘された唐獅子の襖絵なのですが、あれは当社と関わりの深い寺院の高僧が描いたものなのです。恐らく、その方の『気』が入れられているのでしょう。そこから花や御香の匂いがするのも、当然かと考えます」

神職はそこで目を細めて、にっこり笑った。

「よく、おわかりになりましたね」

派手さの伴わぬ異談ではあるのだが、御眷属信仰の山である武蔵御嶽神社に相応しい、霊威に満ちたエピソードであると考え、今回は本書のこの紙面を借りて読者諸氏に御紹介をした次第である。

【著者追記】二〇二〇年十二月、筆者は銅板画家の野瀬昌利氏が門前仲町の会場で開催した個展のトークイベント「オオカミ・四つ足の護り神」展にゲストとして招聘された。その会場でこの武蔵御嶽の襖絵のエピソードを紹介したところ、御嶽山に詳しい野瀬氏が、件の参集殿で香の匂いがすると言ってきた方がいるという話を、神職からも耳にした事があるという事を、ここに付け加えておく。

金魂《かねだま》・生命魂《いのちだま》

ちょうど良い機会なので、武蔵御嶽神社に纏わる、もうひとつの異談も御披露しておく事にしようと思う。


Tさんは異談蒐集を生業としている私の、長年の協力者だ。

表の肩書は普通の大学生だが、裏の顔は所謂「そちら方面」のプロである。

彼女は特に「妖怪」や「神霊」を視る力に長けており、相手の知性レベルによっては意思の疎通も図れるので、所属している拝み屋グループの中でも一目置かれている存在なのだが、そのくせ人霊の類は全く見た事が無いという、変わったタイプの異能者である。

そんな彼女から齎《もたら》される「あちら側の情報の片鱗」の数々は、私の怪談観を、すっかり一変させてしまった。

そんな卓越した能力を備えていても、彼女は神ならぬ人の身である。

その時分、Tさんは事情の込み入ったある案件に関わっていて、何とか解決までには漕ぎ付けたものの、その後味の悪さに、少し気分が滅入っていた。

そんな様子を見兼ねたのか、師匠格のリーダーは、若いTさんにこんなヒントを授けたそうである。

「武蔵御嶽神社に行ってみろ。運が良ければ、良いものが見られる」と。

重い気分に苛まれていたTさんは、少しでも気晴らしになればいいかと、騙されたつもりで車のハンドルを握り、圏央道を北へと向かった。

最寄りのインターから一般道を少し走ると、武蔵御嶽神社へと繋がる御岳山ケーブルカーの案内表示が目立つようになり、やがてJR御嶽駅入り口の交差点を通り過ぎると、御嶽神社入り口の大きな鳥居が左手に見えてくる。

ここへ来る途中、高速道に雨がぱらついていた。

だが、彼女が御嶽神社の一の鳥居を潜った頃、既に雨は上がっており、遠くにはうっすらと薄日が差していた。

それでも平日の午後、先の雨天のせいもあり、徒歩で一の鳥居から参道入り口へと向かう人影は全く無い。Tさんは滝本のケーブルカー駅脇の駐車場に車を入れると、リーダーから教えられた「場所」へと向かった。

季節は八月。稜線の緑はまだまだ力強く、参道脇の叢《くさむら》のあちこちから、可憐なレンゲショウマの花が顔を覗かせている。山々は霊気に満ち、多摩川へと流れる滝の支流のせせらぎが、さわさわと音を立てて目の前の沢を流れていく。

足元の川面を暫く目で追っていると、気持ちが安らいだ。色濃い緑の色彩も精神の安定にひと役買っていると思われた。

しゃん。

不意に、遠くの山合いから、それは響いてきた。

神事に使用される、澄んだ音色の金属音。振り鈴の音に似ていた。

しゃん、しゃん、しゃん。

気のせいではない。Tさんは顔を上げ、音のする方向を振り仰ぐ。

しゃん、しゃん。しゃん、しゃんしゃん……。

不可解な鈴の音と共に、目の前を覆う、緑色の木立の合間から、それは現れた。厳かな色調で光り輝く、バスケットボール大の、水晶のように透明な美しさを持った光体だった。

鬼火や、人魂と呼ぶには、余りにも神々しい。

その輝く光球は、凛とした空気を醸しながら、緑の木々に覆われた川の支流に沿って宙を舞い、彼女の目の前を通り過ぎて、清流を道案内に、ゆっくりと川面を下っていく。

しゃん、しゃん、しゃん、しゃん……。

あの澄んだ鈴の音が、静かな山合いに木魂《こだま》する。

はっと我に返ったTさんは、アプリを立ち上げ、輝く光球の姿をスマホに捉えようとした。

だが、撮影した画像に、その光は映っていなかったそうである。

――リーダーの話によると、その光球の正体はよくわからないそうなのですが、あれが山から支流を経て川の本流へと辿り着き、そのまま無事に海まで達する事ができると、ひとつの命になるのだと言われました。武蔵御嶽神社によく行かれるそうですが、そんな話って、聞いた事がありますか？――

Tさんから送られてきたメールは、そんな文面で締め括られていた。

正直にもの申せば、初見の話である。

武蔵御嶽山には二桁を超える回数で足を運んでいるが、彼女から教えられた「場所」に、そんなエピソードが存在するなどとは、露とも思わなかった。

以来、御眷属様の更新に訪れる都度、私は教えてもらったその場所に立ち、川面を見つめるのだが、現在に至るまで、その光球を目撃する事も、不可思議な鈴の音色を聞く事も叶わないままでいる。

だが、一昨年の九月に足を運んだ大口真神祭《おおくちのまがみさい》の際、集まった狼クラスタの面々にこの話を披露すると、参加メンバーの一人が「神職のSさんから、似たような話を聞いた事がある」とご教示を賜った。

そしてつい先日、御嶽山を訪れた際、運よくこのS神職と話をする機会に恵まれた。身分を明かし、実はこういう類の話を集めているのですが、去年の大口真神祭の際に神職の事を伺いましてと、Tさんの見た「生命魂」の話をすると、

「ああ、場所は確かに近いけど、それは私の『見た』ものとは違うな」

という、意外な返答が返ってきた。

S神職の住まいは、御嶽山山頂の御師町ではなく、やはり麓であるケーブルカー滝本駅の近くの、某バス停付近なのだという。

神職がまた幼い頃、近所の親戚の家に風呂を借りに行き、母親に手を繋がれて、自宅に戻る途中であった。

五十年以上も前の話である。

周囲に灯りなどは存在せず、辺りは真っ暗で、夜闇に慣れた目が、辛うじて足元の道路と、遥か頭上の山々の輪郭を見分ける事ができた。

間もなく家に着く、そう思った刹那。

パリバリパリッ……、という高圧電流の流れるような音と共に、周囲の光景が眩く彩られた。慌てて頭上を仰ぐと、そこには青白く輝く光の玉の姿があった。

驚く神職と母親を尻目に、その青白い光球は、猛スピードで移動し、山合いの陰に隠れてしまったという。

「後で、お袋にあれは何だと尋ねると『金魂』だと言われた。何でも昔はよく見られたらしく、『あれ』が落ちてきた家は金持ちになれるんだと。だから『金魂』っちゅう名前が付いたらしいんだが……」

S神職も若い時分には、この御嶽山界隈で、ゆらゆらと人里を飛び交う「人魂」や、山の頂から頂へと飛び交う「鬼火」と呼ばれる光を、度々目撃したそうである。

「まあ、中には見間違いもあるとは思うよ。例えばムササビ。月夜の晩には木々の間を飛び交うムササビが白く見えて『人魂だ！』みたいな話になる事もあったけど、あんたの話は昼間だって言うしなあ」

そう言って、S神職は肯定も否定もするでなく、屈託なく笑った。

山という存在は、古の昔、私達が現在認識しているそれとは、もっと違った役目を持ち合わせていた、正に「神聖な場所」だったのかも知れない。

なお、Tさんによると、御嶽山の参道には、常人には見えないであろう狼の姿が、木々や叢の間から興味深げにこちらを見ているのが確認できたそうである。

普段はケーブルカーで御嶽山頂まで向かわれる方も、一度この正参道を歩いてみると、神格化された狼＝御眷属様の息吹きを、肌で感じる事ができるかも知れない。少し脚力に自信のある方なら一時間もあれば、宿坊のある御師町まで到達できる筈である。

興味のある方は、試されてみては如何だろうか。

帰還

七ツ石神社は、山梨県と東京都の県境にあり、標高一七五七メートルの七ツ石山の山頂に位置する、秩父三峯神社や青梅の武蔵御嶽神社などの狼信仰の流れを汲む社である。

かつては街道筋として、甲府や秩父への交通の要衝であったこの「七ツ石」の地名の由来は、この神社の裏手にある石灰岩でできた巨大な露岩群から来ており、狼信仰で有名な三峯神社の奥宮でもあったと記された明治の資料も見つかっている。

天慶・丞平の乱で名を馳せた平将門が、実は猿島での決戦で打ち取られてはおらず、影武者を立てて逃げ延び、追い縋る朝廷軍とこの地で一戦を交えたという伝説も伝わっていて、七ツ石の巨岩群は、この時の戦いで戦死した将門の従者七人が石化したものと言われている。


本書の姉妹書である「方違異談」に登場する丹波山村《たばやまむら》の文化財担当学芸員のT崎さんは、

二〇一六年にこの七ツ石神社のある山梨県の丹波山村に地域おこし協力隊として赴任。学生の頃、登山中に見た朽ちつつあるこの狼の社に心を痛め、村の文化財としての復興を発案、その趣旨に賛同した村民らと協力して、二〇一七年、村指定の文化財として整備修復を行えるところまで漕ぎ付けた。

これは「七ツ石神社再建プロジェクト」と命名されたが、二〇一八年の十一月、彼女をリーダーとするチームの悲願は達成、七ツ石山の大岩の前には立派な社殿が再建され、破損していた阿吽の狼像の修復も同時に行われたのである。

筆者も大手町首塚の異談に関わった関係から、将門伝説の探訪を兼ねて、この七ツ石山周辺のフィールドワークを数度行った事があるが、修復前の七ツ石神社は見るも無残に傾いており、狼像の阿形は原形を留めず砕けて、残る吽形の狼像が歯を食いしばりながら社を支えているような、凄惨な佇まいであった。この様子は関東近郊の廃墟紹介サイトにも掲載されてしまうなど、正に惨憺たる状況であった事をここに付け加えておく。

ところが社殿再建から三か月後、心ない者の手により、修復したばかりの社殿に、いたずらが施されるという事件が発生したため、登山者や山小屋の宿泊客らに不審者の注意を呼び掛けると共に、T崎さんら地域起こし協力隊の有志らが、不定期の抜き打ち巡回を行う事にした。

そして、その巡視過程で、難儀な事態に直面した。

再建された七ツ石神社の社殿は、腕利きの宮大工さんが手腕を振るった、堅牢な造りになっているが、標高一七〇〇メートルを超える山頂付近は冬になると周囲が凍結し霜に覆われ、社殿の扉の蝶番も見事に固まり、巡視に訪れたT崎さんらが備品状況をチェックすべく開こうとしてもカチカチに凍り付いてビクともせず、巡視の都度、その場で一、二時間ほど往生する羽目に陥ったのである。

そして、二〇二〇年の十月。

その日は七ツ石の社殿完成の月であり、再興二年目の節目の日でもあったという。

神社整備委員会の会長でもあるT崎さんら有志の一行は、七ツ石の氏子衆である小袖集落のある氏子さんが残した短歌を納めに、七ツ石山登山を敢行した。

ところが、やはりこの時も、社殿の扉はどういう訳か、ビクとも動かない。

同行者らと四苦八苦、小一時間を費やしたが、全く埒があかず思案に暮れていた時、ふと閃くところあって、社殿の扉を、三度ノックしてみた。

すると、扉はすんなりと開いたのである。

「神社としてでなく、村の文化財として復興した七ツ石神社ですが、やはりそこは元々聖地であり、神々の祀られていた場所です。何度も抱えた狼像とはいえ、親しき仲にも礼儀あり。『中に居るよ』という意思表示なのかもしれませんね。ちゃんとあの社が、彼らのお家になったんだと思います」

T崎さんは、その出来事をこう締め括ってくれた。

さて、この逸話だけでも、再建された社に纏わる奇談として成立はするのだが、ここから先は、本書独特の異談の領域となる。

前章「金魂・生命魂」に登場する、神々や妖かしの姿を視る学生祓い師のTさんは、私からこの「七ツ石神社再建プロジェクト」の話を耳にして、当時、丹波山村民俗資料館で限定公開されていた、修復過程の七ツ石神社の狛狼たちを見に行ってくれたそうなのである。

彼女から届いたメールには、包帯宜しく養生の布でぐるぐる巻きにされた二体の狛犬の画像と共に、このような内容のメッセージが添付されていた。

「彼らは、『望まれて、戻ってくる場所がそこにあるのなら、近いうちに必ず帰ってくる』

と申していました。

普通の状態であったのなら、一度失われたものは、もう戻ってくる事はない。

しかし『彼ら』はそこから遠くへ離れようとはしなかった。

社を慕う人々の想いが、彼らを引き止めていた。

だから、社が元に戻れば、それだけ早く戻ってこられるのだと」


丹波山村資料館での狛犬展示公開から、既に三年が経過している。

T崎さんを初め、村人や氏子さん等、大勢の人々の想いを込めて再建されたあの山頂の社に、彼らは既に帰還を果たしているのかも知れない。

そんな理由で私は、七ツ石神社の再建を心から祝うと共に、社の存続と未来を担うT崎さんや、その活動に賛同してくれる村人たちの活躍に期待しながら、その後の展開にも、目が離せないままでいるのである。

望郷

Tさんは、裏の顔こそ怪談屋の私など及びも付かない「その道のプロ」であるが、表の顔は成績優秀且つ品行方正な「普通の大学生」である。

そんな彼女の通っている大学には、学生らも真っ青になるような奇抜な恰好、奇抜な発言、奇抜な行動が日常茶飯事の名物教授らが大勢いるのだという。

ある日の事、Tさんは、そんな歴代の名物教授らが世界から集めてきた蒐集物の一部を拝見する機会に恵まれた。

校内の一角にある、蒐集品の保管場所の扉を開いてみると、そこには世界各国の衣装、道具、動物の剥製、人形等がぎっしりと保管されていたそうである。

その蒐集品の中に、アジア・アフリカの仮装面が置かれているスペースがあり、ひときわ異彩を放っていたのが、何かの儀式にでも使用されていたと思われる、人の背丈程もある巨大な面である。

彼女はその面がとても気になって、傍に近寄りじっと見詰めていると、突然、奇妙な浮遊感に襲われると共に、不可思議な光景が眼前に広まった。


清流のせせらぎの音が聞こえる。

照り付ける太陽の陽射し。背の高いタビビトノキ。暑さを遮る木陰の感触。

むせかえるような、熱い空気。

吹き抜ける風。木々や木の葉の擦れ合う音。鳥のさえずる声。

彼女の周囲は、熱帯雨林のジャングルと化していた。

背の高い木々に群がるクワガタムシやナナフシ。咲き乱れるシンビジウムやコチョウランの間を舞うように飛んでいるアゲハチョウ。頭上を行き交うのは、フウチョウやカワセミ。草原や樹木から顔を覗かせるワラビーやヒクイドリ。

そして、どこからともなく聞こえてくる打楽器のリズムと、独特の宗教的な旋律と雄叫び。大勢の人間達の力強い掛け声。


同行していた職員に肩を揺さぶられて気が付くと、目の前に広がっていた緑豊かなジャングルの幻影は消え去り、そこは、元の大学の資料保管庫の中であった。

見学を終えた彼女は、経験的にあの面が妖かしや外国の神に関わるものと判断し、事務局を尋ねて面の謂《い》われをこっそりと探ってみた。

すると、あの巨大な面は戦前から保管されているもので、以前この大学に在籍していた教授宛てに寄贈されたものである事が判明した。

しかし、それについての詳しい資料は残っておらず、誰が、いつ、何の目的で大学に持ち込んできたのかは、全く不明のままであった。

ただ、形式から判断して、パプアニューギニア周辺の部族の祭事に使われていたものではないかという。

祭事が行われていた神聖な土地から離れてしまった為、力すら失ってしまったニューギニアの神霊が「故郷に帰りたい」と訴え掛けてきたのではないかと、彼女は考えているそうである。

前章「帰還」と比較して読み比べると、大変に興味深いのではないかと思う。

喰光《しょくこう》

二〇一六年の秋頃の話だという。

その日、Tさんは依頼のあった静岡での案件をひとつ無難に片付けて、愛車を駆って東名高速を東京方面へと向かっていた。

ちょうど、御殿場と大井松田の間に差し掛かった頃である。

時刻は深夜、周囲を並走している車両は、殆ど大型トラックだった。

ゴーッというタイヤの唸る音の真っ只中、彼女は慎重にハンドルを捌《さば》きながら車線を走っていたのだが、ふと、周囲の風景に違和感を感じた。

走行音はそのままなのに、前後左右の大型トラックの姿が見えなくなった事に気が付いたのである。おかしいなと思っていると、奇妙な気配が後方から現れた。バックミラーを覗くと、目を疑うような光景が見える。

背後に過ぎ去っていくナトリウム光の灯りがふっ、ふっと消えていくのだ。

そして、深い巨大な闇の塊のようなものが、背後から追い縋ってくる。

危機を感じたTさんは、車のアクセルを踏み込んだ。

スピードメーターが一二〇キロを超える。それでも背後から迫りくる闇を引き離す事はできない。

ミラーから見える背後の灯りが、ひとつ、またひとつと消えていく。

Tさんの車は、とうとうその闇に追い付かれてしまった。

突然、周囲が何かに遮断されたかの如く、真っ暗になった。強力なＨＩＤライトが照らしている前方の視界も、僅か数メートル先しか見えない。

妖かしや物の怪の対処には慣れている彼女も、この突然の怪異には舌を巻いた。僅かに覗く道路上の白線を頼りにハンドルを操り、必死に車線をキープする。

(何なの、これは一体、何なの？)

真っ黒なトンネルが走ってきて、彼女の車を呑み込んでしまったかのようだった。

しかし、一時はどうなるかとも思ったのだが、車が不調や異常を現す様子は無く、また、現象にそれ以上の変化が起きる事も無かった。

そのままの状態が、どの位続いたのだろう。

必死にハンドルを握っているTさんの前方の視界が、突然すっと開けた。

どうやら、あの巨大な「闇」が立ち去ったらしい。

周囲の光景は元に戻り、道路の前後には何台ものトラックが走っている。

ほっと大きく溜め息を吐きながら、彼女の車は無事に高速を降りて、自宅へと帰り着く事ができたそうである。


後程、この話を師匠格のリーダーに告げると、リーダーは苦笑いをしながら「正体はよくわからないのだが、光を好む妖かしが存在する」と説明してくれた。

それは、どうやら光を喰してエネルギーに変換しているらしいのだが、それ以外は取り合えず無害な存在なのだそうである。

このレポートを戴いた時、所謂幽霊と呼ばれるもの全般は光を嫌うのに、逆に光を好む超常のものが存在するのかと、大変興味深く感じた。


私の住むマンションは東京に位置している。

例え真夜中でも、二十四時間のコンビニやファストフード店の灯、道々にはLED式の街灯が煌々と輝いている。それでもごくたまに、道路の先に光が届かず、足の爪先が良く見えない程、暗く感じる夜がある。

そういう晩は、このような光を喰らう妖かしが、人の作った光を美味しそうに喰しているのかも知れない。

顕彰碑

この話には、ある程度の脚色が施してある事を、初めからお断りしておく。
あったる事をストレートに書いてしまった方が、こちら側としては楽なのではあるが、私が信頼しているそちら方面の専門家二人から様々な意味合いで「そうした方がいい」というご指摘を頂いてるからである。

「祓い師」の顔を持つ学生のTさんが、初めてその「場所」を知ったのは、高校生の頃だという。その時分、既に彼女は「妖かし」を視る能力は備えていたが、まだ運転免許が取得できる年齢では無かった為「現場」に赴く場合は、グループから派遣される、お抱えの運転手の車を利用していた。

かの「存在」を知ったのも、別件の依頼で現場へと赴く途中だった。

その日の早朝、Tさんは運転手であるOさんの車に乗って、現場に向かっていた。途中までは自動車専用道を利用、現場に最寄りのインターをごく普通に降りて、市街地に沿った国道沿いの一般道をごく普通に走行し始めた。

移動手段は交通機関か自転車しか無い当時のTさんにとって、見知らぬ街の風景は新鮮だった。Tさんは車窓の外を、食い入るように眺めていたそうである。

そこは、本当にインターを降りて幾らも走らない、市街地のど真ん中だった。

道路が緩やかなカーブに達したところで、左側に建設現場で使用する、鉄板のフェンスで覆われた一角が現れた。

そこに視線を遣った時、Tさんは思わず目を剥いた。

(何、あれ……?)

それは、土と泥を乱雑に捏《こ》ね合わせてできた、四つん這いの、巨大な泥人形。

サイズが尋常ではない。三階建ての建物位の上背だ。

そんなものが、高さ三メートルを超すフェンス越しに、こちらに向かって歯を剥き、凄まじい形相で咆哮しているのである。その光景は、アニメ映画「風の谷のナウシカ」のラストシーンに登場する「巨神兵」を彷彿させた。

まるで、特撮映画の世界だった。

妖かしや正体不明の魔物を見慣れている「専門家」のTさんすら、思わず身が竦んだという。突発的な状況に身を竦ませたTさんを他所に、車は巨人目掛けて走り続ける。運転手のOさんは「視える」方では無いのでわからないのだ。

泥土の巨人が、太い上腕を振り被った。

思わずTさんは座席に身を沈めた。屋根すれすれを、泥の剛腕が掠める。

後部座席から後ろを振り返りながら、その時、彼女が思った事。

「あんなものを相手にしていたら、命が幾つあっても足りない」

それが、第一印象だったそうである。


国道沿いの謎の場所にいた、あの巨大な怪物の件は、彼女が依頼された案件とは全く関係が無かった。だから本来であれば、わざわざ関わりになる必要は無かった。

しかし、Tさんは事態を放っては置けなかったそうだ。

「あれ」は、一体何なのか。

その日から、Tさんの監視行動は始まったそうである。

彼女は「仕事」の合間を縫って運転手のOさんに頼み込み、そして運転免許を取得してからは、自身の車で現場に赴き、遠くからあの「巨神兵」を観察し続けたそうである。

なぜ、あんなものが、市街地のど真ん中にいるのか。

あれは、一体何なのか。

離れた場所から見ていると、路上に車や自転車が通り掛かる都度、怪物は憤怒の雄叫びを上げて威嚇し、時に依っては巨大な腕を振り上げて一撃をくれる。

勿論、その腕は車や歩行者を蜃気楼のように擦り抜け、特撮物のように、車が粉砕されて横転という事が起こる訳でも無いのだが、もしもこれが彼女のような「感知できる人間」であったとしたら、一体どうなるのだろうか。

地域の情報をネットで調べてみると、やはりその場所では、とんでもない事が起きている様子で、かの現場周辺では交通事故が異様に多く、自治体や地元警察からも事故多発地帯として注意喚起がなされていた。

しかも、例のフェンスのあるカーブの右側、国道の対向車線側には、以前水路が存在していたのだが、そこに車が転落してしまう事故が余りにも多いので、現在は蓋をされ、暗渠《あんきょ》になっているという。また、ある地元民の書き込みによれば、この水路に蓋がされる以前、自治体に依頼された清掃業者が泥浚いをしていたところ、汚泥の中からゴミやスクラップと共に、何体かの人骨が出てきたという。

それだけでは無かった。

例のフェンスで囲まれた敷地は、市街地の真っ只中で交通も至便なため、新規の施設建設予定が次々と掲げられるのだが、どれも途中で中止になる様子で、いつの間にか、看板がひっそりと取り下げられる。

それどころか「場所」に隣接する施設や店舗までが連鎖的に次々と閉鎖されていくのを、彼女は目の当たりにしていた。

あれ程巨大で禍々しいものが居座る土地であれば、周囲に影響が出始めても、全く不思議でないとTさんは述べる。

莫大な負のエネルギーが、更なる負の要素を引き込むそうである。

油染みのように周囲にまで広がっていく悪影響を見かねて、彼女は怪物にコンタクトを試みたが、どうやら相手には知性の持ち合わせが無い様子で、Tさんの呼び掛けに対しても全く応じない。打つ手なしの状態だった。

「……事故多発地帯、魔所と呼ばれる場所の正体には、こういうものが含まれるのかも知れません。市街地の中心に『あんなもの』がいるなんて誰も想像もしていないでしょうから。手立てが全く見つからないので、傍観している事しかできないのですが……」

この市街地のど真ん中に佇む、巨大な怪物の件に関しては、随分前から報告を貰っていたのだが、先に発表した「方違異談」の執筆にあたって、他の収録作同様、極めて特殊な「事例」として、私はこの件を書き出したくなった。


実は、私は以前、Tさんの示すこの場所と似たような経験をした事がある。

そこは都内にある某区立公園で、裏側にかつて結核療養所があった場所と言えば怪談ファンならピンと来るかも知れない。

昔の実話怪談本と言えばノンビリしたもので、現在と違い、幽霊の出る場所を、地図や所在地付帯で平然と紹介しているものが幾つもあった。

その中で、都内最凶とも言われる心霊スポットとして紹介されていたこの公園に私は興味を持ち、現場検証をしてみようと思い立った事がある。とはいえ本書に収録された別エピソードのように、そこが「本物」なら、たとえ昼間だろうが大勢の人間が行き来していようが「出る時には出る」。何が起こるか想像が付かないので、とても夜中にその場所へ出向く勇気は無く、訪れたのはある年の真夏、まだ日も高い午後二時頃の事であった。ところが公園の入り口付近で私の足は意志に反してビクとも動かなくなり、どうしても敷地内に入る事ができない。

公園内には大勢の人がおり、テニスやジョギングを楽しんでいるのだが、私の足は竦んだように動かず、とうとう公園外周を回るのみに留まった。その時に妙な事に気が付いたのだが、敷地内がいやに靄が掛かって見え、しかし利用客はその中で平然と散策やスポーツにいそしんでいるのである。

私は携帯を取り出して、園内を一望できる場所からその様子を撮影し、本書「キリストの墓」に登場する霊感の強い友人にメールを送り、その様子を見てもらった。

すぐに返信が戻ってきて「なにこれどこなの？　凄いでっかい地霊みたいなのが公園全体覆ってるよ。人じゃない。妖怪に近い」

私がその場で真っ青になった事は言うまでもない。逃げるように退散した。

のちに自宅に戻り調べ直してみると、やはりその場所に「出る」ものは二階家のような巨大な霊魂の複合体というネットの書き込みがあり、奇しくもこの時の友人の見立てと意見が一致してしまった事になる。

あの時、無理やり敷地に踏み込んでいたら、一体どうなっていたのだろう。

なお、この巨大霊が棲むと言われた某公園であるが、私がそこを訪れた二年後に「原因」とされた裏手の建造物が解体、全体が整備し直された様子で、以降、その現場に赴いても足が固まるという事は無くなった。ひょっとして、誰か力のある方が、大きな人的被害の出ない内に、何らかの手を施したという事なのだろうか。

この時の経験から、現場に赴けば、そこで何らかの追加情報が得られるかも知れない。そんな理由で私はTさんに現場の位置を教えてくれまいかと依頼したのだが、なかなか良い返事が返ってこない。そこで重ねて「冷やかしで訪れる気ではない事」「夜中に肝試し気分で訪れる気ではない事」「現場の雰囲気や空気感を感じたいだけで、長居をする気のない事」をメールで送信すると、こんな返信が届いた。

そこは「命の危険」があるという。

そこに潜むものは、大変力が強く、訪れる者たちの善悪の区別なく「襲い掛かる」からであり、昼夜を問わず危険な場所には間違いないからという理由であった

そして「懐に小さな鏡を忍ばせ、それが割れたら静かに退去する事」「長時間の滞在を行わない事」を条件とした上で「例の場所」の住所が記されてあった。

そして、返信メールの最後の一文には、こうも書かれていた。

「あの怪物の力の根源は、近くにある『自衛隊基地』からのものです。あの場所は、そういう力が溜まり易い場所なのです」

Tさんからの返信に目を通した私は、ネットで地図表示を検索し、思わず目を見開いた。私は一度、その国道を通っているのだ。

それは二〇一八年の暮れの出来事であった。

件の現場からさほど遠くない場所で地域イベントがあり、知己の編集者さんがそこで怪談会を企画したのである。私はそれに参加しようと思い立ち、愛車を駆って目的地に赴いた。

初めて足を運ぶ土地でもあった為、開催場所をナビに入力、その案内で何も考えず現地入りしたのだが、果たして近くのコインパーキングに車をとめた時点で、私の身体に異変が起きた。

腰から膝に掛けて砕けたように力が入らず、幾ら頑張ってもシートから立つ事ができないのだ。自分では信じられない事であった。現在でこそ、このコロナ禍でやや弱ってしまったが、当時は三峰や御岳の奥宮まで平気で登れる脚力を自慢していたし、運転時間も東京から二時間足らず。帰省時に下北半島まで十二時間の運転を強いられる事を考えれば、そこは、殆どご近所のようなものだった。

パーキング内でシートを倒し、そのまま更に二時間近く横になっている内に筋力自体は回復してきたのだが、結局テンションは下がりっ放しのままで、当の怪談会では大した話も披露できず、聞き役オンリーで一日を終えた。

自分ではそれまで、このイベントの開催された土地（有名な心霊スポットが近くに存在する）に何らかの原因があるのかと推測し再訪を考えていたのだが、何とナビ任せだったこのルートは、Tさんの指摘した、あの巨神兵の居る場所を通ってしまっていたのである。渋滞を避ける為の早朝であったので、並走車両のいない独走状態で瞬く間に通り過ぎ、そのまま会場まで到着した訳ではあるのだが、その時に「ああ、こんな所に自衛隊基地があるんだ」と思ったのをよく覚えている。

あそこが現場だったのかと、改めて全身が総毛立った。

通り過ぎただけで、そんな障りが出るとしたら。

もしもそんな場所で、あの時のように、足腰が抜けてしまったとしたら。

私はこの場所の調査を諦めたという趣旨のメールを、すぐさまTさんに送信した。直感的に危険を判断したとしか言い様がないのだが、訪れてしまったら、只では済まない予感がしたのである。

同時に、Tさんからの報告は、新たな展開を齎《もたら》した。

怪物の力の根源が自衛隊基地にあるとは、どういう事なのだろう。私は、彼女からの情報を基に、その土地の周辺事情をネットで調べてみた。

すると、件の自衛隊基地では演習中に事故があり、大勢の殉職者が出た事があるという記事が何件もヒットした。そしてそこには、亡くなった自衛官達の顕彰碑が建てられているともいう。

ここまでの情報を得た時、私は先に紹介した、都内某公園との奇妙な一致に気が付いたのである。

例の公園は、敷地内に縄文時代の「祭祀場」の遺跡が発掘されている。

そして公園自体の造りは、台風などの水害などに備えた遊水池の機能も持たされている為に、周囲の土地より一段低い「溜まり易い場所」であった。

そして、この巨大な泥の怪物が佇む区画も、周囲を高台に囲まれて「溜まり易い」のだとTさんは指摘する。

それが時を経て、某公園の巨大霊のようになってしまったのではないかと。

もうひとつの要素は「顕彰碑」だ。
顕彰碑とは、個人の知られざる善行や功績を称えたものとして建てられるものなのだそうだが、これについて、関係者の元自衛隊員が書いたネット記事が、私の心の中でずっと反芻され続けている。彼ら（殉職自衛官）は、軍神として扱われるより、供養を望んでいるのではないかと。

そして、Tさんに人霊は視えない。
彼女に視えるのは「神」か「妖かし」なのだ。
その「神」に対して力を与えるのは、私達人間なのである。

この話は本来、先に発表された「方違異談」に収める予定であったのだが、新たな事実の展開に時間を要した関係で、本書「物忌異談」に改めて収録するべく、私は今こうして文章を綴っている。

Tさんに依れば、現在もこの土地はまともな用途で使用できない様子であり、泥まみれの巨神兵は今もそこに鎮座しながら、国道、或いはその向こうにある基地内の「顕彰碑」

を、憎悪の眼差しで睨み続けているそうである。

そして、私も二度と、この道路を通る気にはなれないでいる。

魔物（後）

「そうですか、そうすると、それからは何も起きてませんか。それはよかったです。何しろ出来事が出来事でしたから……」

携帯の通話を切ると、安堵の溜め息を洩らしながら、私は椅子の背凭《せもた》れに深く身を沈み込ませた。とにかく一件落着の様相だった。

脳裏に蘇っていたのは、半月ほど前に、ある取材の場で起こった信じ難い事件である。行きつけの整骨院で紹介されたある女性からの「これ迄の体験で〈一番怖い話〉を耳にした事」に端を発する出来事だった。

大勢の人間でごった返す取材先のファミレス店内で、「そいつ」は姿を現し、自らの存在を誇示しながら、悠然と姿を消したのである。

夢の世界にある、幻の温泉旅館の主こと、人喰いの「魔物」。

こんな話を誰が信じる？　と思いつつ、白昼堂々、それを目の当たりにした私と、提供者のＳ戸さんの焦燥は測り知れないものであった。特に女性であるＳ戸さんの怯え方は尋常なものではなく、取材後に「どうしましょう、どうすればいいんでしょう？」という問い合わせのメールが、携帯に何通も着信した。

こういう場合、他の怪談作家の皆さんは、一体どういう手段を取っていると言うのだろうか？

勿論、怪談屋はプロの拝み屋や祓い師ではない。だから本物の怪異が顔を覗かせた時に、何かをできるような存在ではないのだが、「そいつ」が現在も彼女の回りを徘徊している事を暴露する引き金を引いたのは、紛れもなく私自身である。

話だけを頂戴して、後は何もできません、知りませんという態度を取る訳にもいかないという気がしていた。それは余りにも虫が良すぎる。

かと言って、こんな正体不明の化け物相手に、何ができるというのか。

何もできないのは仕方が無い。

ただ、知らんぷりだけは人としてどうかと思う。何か自分の経験上からでも、突破口になる部分は見いだせないか。そしてそれが駄目なら、一緒にお寺や神社に相談に行く事位は少なくともして差し上げたい、そんな思案を巡らせている時、ふと脳裏に閃くものがあった。

（S戸さん、化け物の口に手を突っ込んで引き裂いたとか言ってたっけ）

よくホラー映画のシーンなどで見られる光景だが、実際にやってみた場合、そんな簡単にできるものなのだろうか？　例えば人間の口腔に両手を入れて上下に引き裂こうとしても、相手が頑張った場合、女性の力では無理なのではないか？

妙な思い付きが脳裏を過った。

化け物は、上下の顎が握り易く、体重を掛けて引き裂き易かったのでは？

女将の耳まで裂けた口。それは口腔部の尖ったタヌキやキツネ等のイヌ科の動物を連想させた。ひょっとしてS戸さんの夢に現れたものの正体は、年老いたキツネかムジナの化生《けしょう》なのではないか？

（三峯神社だな……）

脳裏に浮かんだ推理通りであれば、その手の獣は「狼」を恐れる筈である。

S戸さんに「狼の護符」を持たせてみるのがひとつの手であろうと考えた私は、翌週に予定していたトークイベント参加の予定を変更して、埼玉県秩父市にある、三峯神社へと車を走らせた。

この三峯神社は秩父を中心とした関東圏のお犬様信仰（狼信仰）の中心地とも言うべき

場所であり、そこで領布されている「狼の護符」は、四つ足の獣の障りを防ぐとも言われている。山の生態系の頂点とも言える狼の威光を借りて、かつてはキツネやムジナに憑かれたと思われる者たちへの「獣祓い」が盛んに行われていた場所とも言う。

（或いは、ここの護符なら……）

その年の十二月の初旬、私は三峯で「御眷属様」と呼ばれる狼の像を象った懐中守を入手、S戸さんに三峯という社の特性と、そこで発行されている「狼の護符」に関する内容のメールを送り、彼女の自宅にそれを郵送した。

（邪魔されるなよ、無事に届けよ……）

数日して、携帯にS戸さんから荷物到着のメールが届いた。

その文面にはこうも記されていた。

「……何故かよくわからないのですが、あの狼の護符を手にした瞬間、涙がぼろぼろっと溢れ出して、懐かしい温かさと共に『ああ、私は助かったんだ』という思いが脳裏を駆け巡りました。きっともう大丈夫だという気がします。本当に、有難うございます……」

単なる直感に過ぎないのだが、この手の雰囲気は「事件の区切り」を示している事が経験上多い。S戸さんのように霊感が強い方が感じたのなら猶更の事でもあろう。「現れたもの」は狼の印影を恐れて、彼女に近付く事を止めたのだろうと。

そこから数週間、私は何げない振りを装い、S戸さんに様子見のメールを送り続けたが、あれだけの「威嚇行為」が行われたにも拘わらず、彼女の周辺では何も起こる事が無く、毎日を無事平穏に過ごしているという。

良かった。この件は一件落着したと、そう判断した。

そこに、私の慢心があった。


年を越えての二〇〇九年。

そこから数か月経てもS戸さんの身辺には何も起こらない様子であり、私の記憶の中からも、あの化け物女将の一件は「終わった出来事」として、過去へと葬られつつあった。

ちょうど同時期、私は別レーベルで出版されていた怪談本の原稿を脱稿したところで、新しい怪談ネタを探していたのだが、その頃登録していたM出版系のオカルトサイトで懇意にしていたK君から、関西方面のメンツが、個人的な怪談会を開くので、宜しかったら参加しませんかというお誘いを戴いた。

午前中いっぱい怪談会。昼食の後、近くの氏神様で厄払いの昇殿をした後、私の帰る時間まで再び怪談尽くしという、何とも魅惑的な内容。しかも、気に入った話があったら次回の執筆に使用しても構わないという。

怪談ネタの在庫は半分ほどに減っていたし、関西の神社の御祈祷というのも、この頃はまだ未経験であった。断る理由はどこにもない。私は彼にふたつ返事で参加する旨を告げた。


深夜バスのターミナルから、最寄り駅へ。そこからのローカル線に揺られて約三十分。降車した駅には、K君の友人である参加者のPさんが、会社から借り受けてきたというワンボックスで迎えにきてくれていた。

挨拶を交わし、そこから五分程車に揺られて着いたのは、会場であるMさん宅。やはりサイトの登録者であり、車で迎えてくれたPさんは、このMさん宅の間借り人であるという。

この日の参加者はK君の他に、Mさん、Pさん、そしてもう一人、やはりサイト登録者のZさんというメンツで、本当ならあと二名ほど参加予定があったそうなのだが、事前に都合が悪くなり、キャンセルしたとの事だった。

さて、サイト内ではそれなりに親しい仲ではあるものの、私が彼らと顔を合わせたのはこれが初めてという事で、まずはそれぞれの自己紹介から始まり、軽い雑談を交えながら、少しずつ本筋の怪談話へと移行していった。

その場で語られた彼等の話の幾つかには、非常に興味深いものがあり、運よくそれらの執筆許可を戴く事ができた。余談ではあるが、本書の姉妹編でもある「方違異談」に掲載された「イマジナリー」という挿話は、この時Zさんが友人女性から受けたという不可解な相談を文章化したものである。

それぞれの話が二巡した辺りで、時刻は十一時三十分を回っていた。

「今から行っても、神社さんも昼時で待たされるだけだから、お昼食べていって一時ジャスト頃に着く様出掛けたらええわ」

地元民Mさんの言葉に従って、店屋物を取って昼食を摂り、それから昇殿祈祷を行う神社参拝の段取りとなった。自宅を提供しているMさんは、後片付けと午後の部の茶菓子等を仕入れるからという事で留守番となり、再びPさんの運転で、私とK君とZさんが目的地の氏神様に出向く事となった。

その時の車中でも怪談話で盛り上がったのだが、ふとK君が「怪談を書いていると、やはり何かが起きたりするんですか？」という質問を私に投げてきた。

心当たりは山ほどある。

だが脳裏に真っ先に浮かんだのは、まだ記憶に新しい、半年前のS戸さんの取材時に起きたサイゼリヤでの怪事件である。私は、その件をかいつまんで話すと同行していた三人が、思わず唸り声を漏らした。

「うわあ、おっかねぇ！　本当にそんな事あるんですね、俺も見たかったっす！」

ホラーや怪談が大好きではあるが、そういう体験が一度も無いというK君は、その事をしきりに羨ましがった。そんな彼とは、M出版のサイトは閉鎖されてしまったが、今でもツイッターのフォロワーさんとしての付き合いが継続している。

（正直、目の当たりにしちゃったら、後悔の方が強いんだけど……）

彼の言葉に心の中で苦笑しながらも、余り他人の事は言えない。昔の怪談本は今と違って、舞台となった場所を明記したものも少なくなかった。幽霊見たさで、そんな場所へ自転車で足を運んでいた、そんな時代が私にもあったからである。

そうこうしている内に、ワンボックスが停車した。神社に着いたのだ。

地元の氏神様という事で、こぢんまりしたお社を想像していたら、辿り着いたのは美しく手入れの行き届いた広い境内と、重厚な社殿、そして大鳥居を備えた立派な神社であった。

立て看板の由緒書を覗くと、このK神社は流行り病の平癒を目的に、崇神天皇の命で創建された、地元でも指折りの古社なのだという。その格式高さに気圧されつつ、私はメンバーと拝殿前で参拝を行い、厄除け祈祷の手続きをする為、社務所へと立ち寄った。

ところが、ここで小さなハプニングが起こった。

昇殿するつもりの無かったPさんが費用を持ってきていないので、境内で待っていると言い出したのだ。僅かなごたつきの後、地元メンバーはいつでも参拝できるからという理由で彼に付き合う事となり、結局、厄除けの昇殿をするのは私一人となってしまった。

（ま、必要性を感じない人に取って、五千円は大金だよな……）

住所氏名と願事を記入した用紙を社務所に出すと、境内をぶらついてますというメンバー三人と別れて、私は祈祷者待機所のソファに腰掛けた。

ここまでは、いつもの神社昇殿祈祷と、全く変わらない。

ところが。

あるところから、その流れがおかしくなった。

いつまで経っても祈祷開始の呼び出しが掛からないのだ。随分長い事この場所で待たされている事に気が付いた。壁に掛けられた時計を見ると、既に午後二時を指している。私が祈祷申し込みの用紙を社務所に提出してから、既に四十五分も経過していた。それまでにも待機所には二十人近くの人間が居たのだが、既に椅子やソファには座り切れないほどの人数が詰めている。

（関西の神社って、一度に随分の人数を昇殿させるんだな）

何しろ初めての土地、初めての場所である。お社の規模の兼ね合いもあるのだろうと、当時、私はその位の問題にしか考えていなかった。

漸く係の神職からの案内があり、拝殿への渡り廊下の扉が開かれた頃、時刻は二時半を回っていたかと思う。

その当時のK神社の祈祷祈願者は、拝殿内の床に座る形式を取っていたが、入り口を潜ると、既に物凄い数の祈願者が腰掛けていた。私は概ね昇殿者の列の真ん中辺りに腰を下ろしたが、ざっと見回しても百人は居たのではないだろうか。祈願者はその後もぞろぞろと入場してくる。

こっちの昇殿は随分大掛かりなんだなと思いながら、祈祷の開始を待っていると、私の真正面には三十代後半くらいの夫婦と、その娘らしい小学校の三、四年生位の女の子が座っていて、楽しげに談笑を交わしていた。

その微笑ましい光景を眺めていると、不意にその子が会話を止めてこちらを振り返り、ぎろりと私を睨んだ。

そして次の瞬間、口元ににやりと、歪《いびつ》な笑みを浮かべたのである。

（……？）

その時、横手から母親に声を掛けられ、女の子の表情は元に戻った。

不可解な引っ掛かりを覚えたのとほぼ同時に、渡り廊下へと繋がる拝殿の入り口の扉が開き、厳かな表情を浮かべた神職が入場してきた。

その年齢と袴の色模様から、宮司クラスの神職と判断できる。

「お待たせ致しました。此れより昇殿参拝の儀を行いたいと存じます」

神職は一同に恭しく頭を下げ、神前に対して二礼二拍手一礼を行うと、唐突に祝詞を唱え出した。普通なら参拝者に御幣を振って心身のお清めを行い、大祓祝詞を唱えてから神社祝詞に入るのが流れであるから、いささか面食らったが、まあこれが関西流なのだろうと、最初はあまり深く気に留めていなかった。

だが、そのうち神職の唱えるその祝詞が、やたらと長い事に気が付いた。それに気付いた私は、祝詞がどのようなものなのか聞き取ろうとしたのだが、場所がやや遠すぎたのか、上手く聞き取れない。

すると、私の前に座っていた、あの親子三人連れの娘が、突然挙動不審な動きを始めた。行儀よく正座をしていた上半身が突然大きく前後に揺れ出すと、やがて腰を中心に同心円を描くかの如く回り始めたのである。

「×××ちゃん」と母親が小さな声で窘めても、女の子はぐるぐると不可解な動きを止めようとしない。周囲の視線を気にして、父親が押さえ込むように引き寄せると、女の子は父親の腕の中で、ばたばたと暴れ始めた。

これがすぐ、目の前数十センチの距離で行われているのである。

私の視線は否が応でもそこへと向かってしまう。すると、父親の腕の中でもがいていた少女が半身を起こし、肩越しに凄まじい形相でこちらを睨んだ。

次の瞬間、左足を振りかぶると、後ろに座る私の膝頭を、思い切り蹴飛ばした。

がつん、がつん、がつん……！

三発ほど喰らった辺りで振り向いた父親が気付き、慌てて「すみません」と声を上げる。その瞬間、女の子は物凄い勢いで私の脇を駆け抜け、驚く参拝者らを尻目に、拝殿正面のガラス戸に体当たりを食らわすと、そこを開こうとした。

まるで、外に出たがっているかのようだ。

だが、扉には鍵でも掛かっているのかびくともしない。すると少女は、ここから出せと言わんばかりに、ガラス扉を、掌でバンバンと叩き始めた。

拝殿前の参拝者らが驚いているのが見える。

振り向いて様子を見ていた私は、ある既視感に気付き、全身が冷たくなる感覚に襲われた。この光景はどこかで見た事がある。

ガラス窓に両手足を広げへばり付いた、ヤモリのような少女の姿。


まさか。

いい加減にしろ。ここをどこだと思っているんだ？

由緒ある神社の拝殿の中だぞ？

「あいつ」はそんな場所にも、入り込んでくるのか？

ここに来て私は、漸く自身の取り扱っている「実話」というものの重さ、恐ろしさを思い知った。本物の体験談というものを真剣に追い掛けていれば、やがて正真正銘の「本物の怪物」にぶち当たってしまうのは当たり前の事なのだ。

そして、私は身の程も弁《わきま》えず、いつの時代から人を喰らっているかもわからない、化け物の邪魔立てなどしてしまった。それで、そのままで済むと考えていたのだから、とんだお笑い種である。女将の矛先は、既に私に変わっていたのだ。

神社の拝殿にすら、容赦なく入り込んでくる「魔物」。

胃の腑が冷たくなるという形容詞があるが、この時の私は、正にそんな感覚に囚われていたのである。

我に返った父親が弾かれたように立ち上がり、私の真横を駆け抜けると、ガラスを殴打する女の子を強引に抱え上げて、元の場所へと連れ戻した。

今度は父親と母親が二人掛かりで、暴れる娘を押さえ付ける。一体、何が起きているのかと、親娘の周辺の参拝者の視線は釘付けだ。

私の視線は下へ上へと彷徨っていた。

拝殿内で癲癇《かんしゃく》のような発作を起こして暴れる女の子がいるのに、神職は振り向く事もせず、神前に向かってひたすら祝詞を唱え続けている。

これだけの騒ぎが起きているのに気にならないのか？

神前祈祷というものはそういうものなのかと、神職の背中と暴れる女の子を交互に見ながら、私はある事に気付いた。今見ている眼前のこの光景は、テレビの心霊番組でよく見掛ける「除霊シーン」そのものだ。神前に向かって経文を唱える霊能者と、その前で全身をくねらせて、もがき苦しむ依頼者の姿。

しかし、これは、明らかにテレビの演出などではない。

いま目の前で起こっている、歴然とした事実なのだ。

（まさか、わかっているのか？）

私の戸惑いを他所に、神職は一心不乱に祝詞を読み上げる。

やがて、両親に押さえ付けられた女の子の身体がひくひくと痙攣を起こし、その喉から「ヒィーッ！」という不気味な悲鳴が上がった。

同時に。

そこに居た参拝者の子供達全員が、一斉に「ヒィィーッ！」という悲鳴を上げたのだ。

拝殿内が一瞬、水を打ったように静まった。

もはや、何が起こっているのかも把握できない。呆気に取られる私を尻目に神前に向かっていた神職がゆっくりとこちらへ振り返った。

「祈願の儀、無事に終了致しました」

一同に向かって、深々と頭を下げる。あの女の子は両親の腕の中で、ぐったりしながら目を閉じていた。

「長い時間お疲れ様で御座いました。祈祷札と授与品は出口の前にてお渡し致します。それでは気を付けてお帰り下さいます様」

まるで、何事も起きていなかったような、神職の淡々とした口調。

かたんと出入り口の扉が開き、三人の巫女さんが、祈祷札を入れた三宝を手に入場する。

これも変だった。普通、祈祷札は神前の前に置いて、神職が祝詞を読み上げながら、神社の「気」を入れるものでは無いのだろうか。

あれでは、既に「祈祷」が終わっていた事にはならないだろうか。

但し、そこは初めての社であるから何とも言えない。暫くは場の雰囲気に呑まれていた昇殿者らは、やがて出口付近の人間からぼんやりと立ち上がって、巫女さんから祈祷札を受け取り、順繰りに退場を始めた。

しかし。

今、この場所で行われていたのは、本当に只の一般祈祷だったのか。それが私の喉まで出掛かった台詞だった。だがそれを確かめる術も持たなければ、意見を交わし合える人間も居ない。こんなにも沢山の人間が出来事を目撃しているのに、ここには私が知っている顔が一人も居ないのだ。神職に尋ねてもとぼけられるだろう。直前でPさんが昇殿を辞退し、他の二人がそれに付き合ってしまった事が何とも恨めしかった。

ふと見れば、先程拝殿内で大暴れをした女の子が、両親共々神職に深く頭を下げている。神職はにこにこと微笑みながら優しい言葉を掛けていた。

やがて最後の一人となった私が、出口の脇で軽く目礼をすると、神職は何も言葉を掛けず、ただ静かに、目礼だけを返してくる。何となく、それが総てを物語っているような気分になり、私は一礼を返して、拝殿の外へと歩み出た。

「今終わったんですか？　随分長かったすね」

祈祷者待機所から外に出ると、社務所の脇でK君ら三人が手持ち無沙汰な面持ちで私を待ち構えていた。時刻は既に三時半を回っている。

開口一番、私の心中の疑問は彼等へと放たれた。

「こちらの昇殿祈祷は、いつもこんなに騒がしいんですか？」

首を傾げるK君らに向かって、拝殿内で起きた椿事《ちんじ》を告げ、ひょっとしたら、車中で話した「あいつ」が現れたのかも知れないと語ると、思わず三人は顔を見合わせた。毎年昇殿するというPさんがそんな事は無いと告げ、霊体験ゼロのKくんは「畜生、俺も一緒に昇殿してればよかった！」と悔しがった。

K君等に拝殿から逃げ出そうとする少女の姿を目撃しなかったか尋ねたが、彼等は私と別れた後、境内から出て大鳥居横の甘味処で雑談を交わしていたのでわからなかったと告げ、もういいだろうと神社に戻ったら、まだ祈祷が終わっておらず、あの場所で待ち受けていたそうなのである。

帰りの車内はすっかりその件で持ち切りとなり、K君は「畜生、畜生、目の前で怪奇が起きていたのに！」としきりに悔しがる。私にしても同感だった。同席者が居たのなら、したり顔の第三者から「そんな事はあり得ませんよ」などと、冷やかされずに済むからだ。

怪談会の会場であるMさん宅に戻ると「随分遅かったな」とのひと言が掛かり、私は同じ疑問をこちらにもぶつけてみた。すると、毎年K神社に昇殿するけど、そんな騒ぎは一度も起きた事が無い、こっちの子供らは、小さい頃から神仏ありきの生活をしているから皆弁えていて、拝殿で騒ぐ子などいないと言う。

結局、事件についてあれこれ意見を交わしているうち、怪談会午後の部はなし崩し状態となり、私は深夜バスの発車時刻に合わせて場を退席せざるを得なくなっていた。K君とZさんが最寄り駅まで車で送り届けてくれたが、体験談蒐集目的の怪談会は、とんだ顛末を迎えてお開きとなった訳である。


帰りの深夜バスの車内で、私は出来事を脳内で整理し、自宅に帰り着いてから幾つかの疑問点を洗い出すべく、ネットを検索して情報を調べ上げた。

まずは私が厄払いの御祈祷と称されて連れていかれたK神社なのだが、ここは「厄除け・

方災除け」の社として、関西ではかなり有名な神社である事がわかった。

関東育ちである私が、単にそれを知らなかっただけのようである。

疑問に思ったのは、あの日の祈祷時間の長さであった。これは同行したK君らや地元民のMさんも認める通りなのだが、調べてみるとK神社の昇殿祈祷は午後四時迄なのである。一時ちょい過ぎに申し込みを行って三時半まで祈祷時間が掛かったという事は、あの日の午後は昇殿が一回しか行われていない事になる。

そんな事は果たして有るのだろうか。そして、大祭でもないのに拝殿に通されたあの時の人数も異様である。というのは祝詞奏上に神職が祈願者の名前を個々に読み上げるのだから、百人超の人数を拝殿に入れれば、祝詞もそれだけ長くなる。数回に分けていった方が効率的な訳で、私の知っている神社仏閣は少なくとも皆そうしている様子だ。第一、祈祷札が拝殿の外から持ち込まれてきたのも変なのである。

そして、拝殿正面のガラス扉には鍵が掛かっていた様子で、外へと逃亡しようとした女の子は出るに出られず、神職の祝詞によって祓われてしまった構図になっているのだが、通常、神社の拝殿の扉は、閉門時以外は開いているものではないのだろうか。私はK神社の参拝に訪れたという方のブログを幾つか覗いたのだが、件のガラス扉は閉じている時もあれば開いている時もあり、決して常時締め切られているという様子ではない。

ここで私が何を言いたいのかを申し上げると、拝殿の中に居たあの女の子に取り憑いた「もの」が、私目当てにあの場に入り込んできたのは、その態度や振る舞いから察する事ができる。問題は、K神社側が、まるでそれを予測していたかのようなシフトを取っていたように見える事だ。

大勢の人間が行き交う陽光の下でも、由緒ある神社の拝殿の中でも平然と姿を現す化け物の存在も恐ろしい。しかし、それすら察知して対応を行えるというもうひとつの「視えない存在」も実在するとしたら、それはそれで恐ろしい事ではないかと私は考えている。人間の「生」とか「存在」というものは、太古の昔から、そういう「視えない存在」に庇護されていたという結果を導いてしまうからである。結局、このK神社で起きた事の顚末について、すっきりとした説明は、未だ以てつける事ができないままでいる。あの時、地元の人間であるK君やZさんらが同席してくれなかったのは、今でも本当に悔やまれる次第なのだ。

そして、最後にひとつの小さな疑問が残る。天皇の勅命で創建された古社の拝殿にさえ易々と入り込む、あの化け物女将が、なぜS戸さんに手渡したちっぽけな「三峯の狼札」を恐れたのだろうかという事だ。

これも完全な説明を為す事は叶わない。ただ、人間で例えれば、性格が粗暴でやたらと喧嘩好きな腕自慢でも、小さな蛇や虫類等を触れないという者はごまんといる。あの夢世界の化け物女将にとって「狼」というものは「天敵」という、根底的な部分で受け入れられない存在ではないのかと、私は考えている。

ふとある時、別件で件のK神社の記事を目にした。すると、このK神社は地形の関係により古来から「鬼門の存在しない神社」と呼ばれ、それ故に厄除け・方災い除けの社として特化したのだという。

鬼や魔が通る道がないという、鬼門のない神社。

あの「魔物」は何かの相反する意志によってそこに誘導され、現在もそこから出られないままなのかも知れない。事件から十年の時が流れたが、ここに至るまで、化け物女将に関連した出来事は私の回りでは起きていない。話の発端であるS戸さんにも数回連絡を取ったが、ご健勝な様子である。

「怪」を欲し求めれば、やがて「怪」もこちらに呼応する。

しかし、それがこちら側にだけ、都合のいい出来事とは限らない。

午後九時の電話

　ここに紹介するエピソードは、前章「魔物・後編」にて登場する怪談会の場で、参加者のZさんの口から語られた怪異談である。

　彼が大学生の頃、同じゼミを専攻しているDさんという友人がいた。

　Dさんは、とある地方の出身であり、大阪にある大学には下宿からという形で通学していた訳なのだが、この彼の住んでいた下宿というのが、上京した学生によくありがちな六畳一間のオンボロアパートという雰囲気ではなく、街中の一等地に建つ、瀟洒なワンルームマンションだった。

　まだ、携帯電話の存在しない時代の話である。

　そんな頃にDさんの部屋には家具調度はおろか、キチンと電話までが敷かれていて、遊びに行ったZさんや友人達は大変驚いたそうである。ようは彼の実家が、経済的に大変裕福である事が察せられた訳なのであるが、ある時期から、このDさんが妙な事を口にするようになった。

「最近な、夜の九時になると、妙な電話が掛かってくるんや」

学食で彼から愚痴を溢されたZさんら数人が詳しく話を聞いてみると、毎晩午後九時かっきりに、彼の部屋の電話のベルが鳴る。

「もしもし？」

受話器を取り上げると、向こう側からザーザーという雑音が響くだけでそのままプッツリ切れてしまう。それがここ一週間、ずっと続いているのだという。

「まあ、『誰か』の嫌がらせかと思うんやけどな。こんな子供騙しじみた悪戯、大概にせいや思うてな」

どうやらDさんは学友らの悪ふざけだと思って、周りにさらりと釘を刺しているようなきらいである。Zさんにも思い当たる節はあった。学友数人と彼の部屋に遊びに行った時、バイトをしながら学費を稼いでいる何人かが、妬むような発言をしていたからだ。Dさんもそれを感じていたのだろう。だから電話の件も、学友らと大きなトラブルになる前に、やんわり窘めようとしているのだという空気を察したそうである。

「せやな。誰だか知らんが、そんな子供じみた真似、はよ止めて欲しいもんやな」

Zさんは彼に歩調を合わせ、その場にいた学友らも、そうやな、そら迷惑な話やなと頷き、その場はそれで収まった。ところが、それから暫くして、Dさんと再び顔を合わすと、酷く憔悴《しょうすい》した顔をしている。目の下には隈ができ、頬がげっそりとこけている。まるで別人のような有様だった。

只事では無い様子にZさんらが「どうしたんや」と声を掛けるとDさんは「俺、ヤバいかも知れん」と譫言《うわごと》のように呟いた。


Dさんの語る話は、このようなものだった。

彼は午後九時の電話の件を、学友の誰かの仕業とずっと考えていたそうである。だから先の学食の場でZさんらにやんわりと注意を促した訳なのだが、それでも電話の呼び出し音は収まる事無く、やはり午後九時になると鳴り響く。

万一、本当に何かの用件でも困るので受話器を取り上げると、相変わらずザー、ザーザーと雑音が鳴り、ブッと電話が切れてしまう。

（しつこい奴っちゃな。こうなったら根競《こんくら》べや……）

Dさんの方も依怙地になって、鳴り響く電話を取り上げ続けた。

すると、雑音しか聞こえていなかった午後九時の電話に、ある変化が生じてきたというのである。


「電話の通話時間がな、段々と長くなってきたんや」


虚ろな表情のDさんの口調に、Zさんらは固唾を呑んだ。

ザーザーと聞こえてくるあの雑音の時間が長くなっている。初めのうちは短い時間だったので、電話の空電かと思っていたのだが、それは違っていた。

激しく降り注いでいる、雨の音だったのである。

Dさんは受話器を片手にカーテンを捲った。窓の外は雨など降っておらず、夜の街のネオンが輝いており、空には月が煌々と輝いている。

背筋に冷たいものが走った。

電話の主の元では、ザーザーと激しい雨の音がしている。

仮にこの電話が悪戯だったとしても、それは近くから掛けられているものではないのだ。

するとこの悪戯電話の主は誰なのだ？

呆然とするDさんの持つ受話器からボソボソッと何かが聞こえ、そこでブツリと電話が切れた。

「その雑音の後のボソボソッて音、段々ハッキリ聞こえるようになってきたんや。誰かが小声で何か言うてるんや。流石に気味が悪くなってきてな。こらなんかマズい、何とかせえへんとと思ってな……」

そうして考えに考えて得た結論は「夜九時に家に居なければいい」という簡単なものであった。なぜそれに早く気が付かなかったのだろう。

丁度それ程遠くない場所に、同じ大学の友人が借りている部屋があり、二、三人の悪友仲間の溜り場となっている。酒でも片手に押し掛ければ大歓迎されるだろうし、常に誰かが明け方まで居るから心細くもない。

Dさんはすぐに行動を起こし、コンビニでビールやつまみを購入して彼の部屋へ押し掛けた。部屋のオーナーや先に屯《たむろ》っていた学友らと乾杯をして、呑み会に興じ、馬鹿話に気炎を上げていると恐怖も薄れた。

そうこうして宴もたけなわとなっている最中に、部屋の電話のベルが鳴り響いた。

Dさんははっとして、部屋の時計を見た。

時計の針は午後九時を指している。

(まさか)

彼の事情を知らないオーナーが立ち上がり、電話を取りに行く。何かひと言ふた言交わした後、彼は受話口を押さえながら「D、お前にや」と呼び掛けた。

一瞬、総毛立ったが、よく考えれば部屋のオーナーが相手と会話をしているから「例の電話」ではないのだろう。Dさんは電話を替わった。

受話器を耳に当てる。

耳元のスピーカーから流れてくるのは、激しい雨音。

Dさんは、悲鳴を上げて受話器を放り出した。


「そん時は慌てて部屋から逃げ出してしもたが、後から冷静に考えたら、あそこに屯ってた奴らがグルになって、部屋のオーナー抱き込んでD脅かしたろ、みたいな感じになってたのかもと思い直してな。だって奴は電話の相手と会話しちょったし。畜生、やられた思たわ。そう思ったら何かムカついてもうて」

仲間に嵌められたと考えたDさんは、暫く大学に顔出しをするのは止めようと思い立ち、隣の市の大学に通う、彼の地元の親友の部屋に転がり込む事にした。

「そいつは小中からの同級生で、長い付き合いのヤツでな。勿論この大学の連中の事など全く知らん。だからヤツらの悪戯もここまで思うたんや」

やはり前回同様、ビールやつまみを片手に旧友の元を訪れたDさんは、午後九時の電話の件は一切語らず、適当な言い訳を付けて再会を祝い、お互いの近況などを熱く語り合った。

アルコールが程好く回り、Dさんが何憚る事も無く、大学の話や昔話を語っていると、不意に電話の呼び出しベルが鳴り響いた。

彼は、反射的に時刻を見た。時計の針は午後九時を刻んでいる。

言葉を失うDさんを尻目に旧友は立ち上がると電話を取り「ああ、もしもし？」と発信者に声を掛ける。

（そんな馬鹿な。ヤツらがここの電話番号を知っている訳が……）

心臓が張り裂けそうに鼓動している。緊張で脳血管が破裂しそうだ。そんな彼をよそに旧友はふた言み言会話を交わすと、受話器を差し出した。

「お前に電話。女からや」

恐る恐る受話器を受け取って、耳に当てる。

スピーカーの向こうから響いてきたのは、激しい雨の音。

その音に混じって、あのボソボソとした呟き声が、初めて単語の形を紡いだ。

「たすけて」

そこで、プツンと電話は切れた。


話を聞いていたZさんらも、水を打ったように静まり返ってしまった。

誰もが言葉を掛けられない。

肩を震わせて涙目になっているDさんを黙って見詰めるのが精一杯だった。

「……もう駄目なんや。俺はあの電話から、あの声から逃げられへんのや。もうみな、構わんといてや……！」

そう言い放つとDさんは、椅子を蹴倒すように立ち上がり、学食から飛び出していった。

「おいおい、誰か知らんがホンマ洒落にならんぞ。悪戯やったら、はよ白状してやりいな」

周りにいたメンツに向かってZさんは声を掛けたが、そこに居た誰もが、そんな事は一切知らないとばかりに首を振る。

全員が顔を見合わせた。Dさんの身の上には、一体何が起きているというのか。

「どっちにしても、あいつ、かなりヤバいんちゃうか?」

彼らの心配は的中し、Dさんは次第に大学に顔を見せなくなり、自室に引き籠もったままとなってしまった。ある程度の事情を察知しているZさんらは、気味が悪いと思いつつもDさんのマンションを交代で訪問し、部屋の中で震えている彼を励まし、病院へ行く事や電話の撤去、引っ越しなどを勧めたが、Dさんは「何してもおんなじや。あの女はどこまでも追い掛けてくるんや。逃げられやせえへんのや」と半狂乱になって喚き散らし、とうとう玄関で門前払いを食らうようになった。

「これじゃ、手も足も出んな」

「そやかて、これで自殺でもされたら後味悪いわ」

Zさんらは相談の結果、Dさんの実家に事態を知らせようと、大学の学生課に本当半分ウソ半分の理由を並べ、彼の実家の住所と連絡先を聞き出した。

意を決して電話を掛けてみると母親が出て、応対が父親に代わった。

「そうですか。わかりました。早急に様子を見に伺います」

その返答は余りにも呆気ないもので、Zさんとその仲間は拍子抜けした位である。


数日後。

大学構内のアナウンスで玄関ロビーに呼び出されたZさんを、二人の人物が待っていた。身なりのいい初老の夫婦である。

彼らはDさんの両親と名乗り、息子が大変お世話になりましたと丁寧に頭を下げ、菓子折りの入った大きな袋を手渡してきた。そしてDさんが大学を辞め実家へ戻った事、借りていたマンションは引き払った事、Zさんとその学友らには御礼の言葉も無いと淡々とした口調で報告すると、背中を丸めながら引き上げていった。

後から聞いた話に依れば、Dさんの両親はこの件に関わった学友全員の元に挨拶に現れ、菓子折りを手渡し、手厚く御礼を述べて帰ったという。


Zさんは当時の様子を振り返りながら、こう続けた。あれから二十五年経った今でも、引っ掛かっている事があるのだと。

それは、Dさんの御両親が、息子がなぜああなってしまったのかを、自分も含めて、学友の誰にも、全く尋ねなかったという事だそうである。

　Zさんは、彼の両親はDさんが異常を来たした「真相」を知っており、あらかじめそれを「いつか起きてしまう事」と予測していたのではないかと推理している。あの学生には贅沢過ぎる賃貸物件や、息子の変調の報告を受けた時の淡々とした口調、そして大学やマンションの手続き等の素早い行動などから、それが推察できるのだと語った。

　しかし、Dさん、或いは彼の実家にどのような因縁があり、何故それがあのような形で発露してしまったのか、Zさんにもそれは全くわからない。そして、実家に戻ったDさんが、その後どうなってしまったのかも、一切不明なのだそうである。

　親友の身の上に起こった出来事の真相は、蓋を閉じられたまま、闇から闇に葬られてしまったままなのだと、彼は怪談会の場で、この話を締め括った。

追

「籠さん、今日はこの後、予定はありますか？」

絵画展会場の上階にあるレストランで、食後のコーヒーを傾けながら、N川さんの語る不思議な神仏霊威談を聞き終わると、不意に、彼女のお母様が呟いた。

「久しぶりですから、もう少し色々と。ご報告したい事もありますし」

令和二年四月十一日より発令された新型コロナウイルスによる緊急事態宣言発令は、これ迄の私達の生活スタイルを一変させてしまった。五月下旬まで続いたこの措置で、良識ある国民の大半は主だった外出を自粛、企業や商業施設などもリモートワークや自主休業を余儀なくされた。

そしてこの措置によって、人々は、ある意外な事実を知る事となる。

これ迄は、ごくありきたり、当たり前の事であった外出や買い物、呑み会やイベントという、他人との交わりの場というものを奪われてしまうと、「人の心」というものは、いとも簡単に乾いてしまい、荒んでくるという事だ。

私自身も、これ迄当たり前に進めてきた、怪談会や取材による、近しい方々や新しく知己を得た方々との交流、様々な寺社仏閣での神事や大祭、山登り等で、知らぬうちにこの部分の欲求を満たしてきたのであろう。宣言が発令され、自宅での三か月に及ぶ巣ごもりで味わった閉塞感は、人生に於いて全く経験の無いものだった。

どうやらN川さん母娘も、私と同じ心境だったのかも知れない。

この時期は既に緊急事態宣言も解除されており、外出や会食などの制限がやや緩やかになった辺りでもあった。それにN川さんらとは、御嶽山から戻って夕食を共にした際に、御眷属様の更新祈祷に同行した弟のR君も含めて、大いに怪談話で盛り上がった経緯がある。久々に波長の合う方たちと好きな話題を語り合える期待感から、私が即座にイエスと返事をすると、

「それじゃあ、絵画展が終わりましたら、また合流いたしましょう」

N川さんのお母様はにっこりと笑い、私も合わせて頷いた。

夜半になってからの合流先は、昨年末、御嶽山の御眷属借入から戻った時、弟のR君を

交えて歓談したイタリアンレストランだった。

R君は今回、その場には同席しなかったが、あれから既に半年以上の時間が経過したという実感が乏しい。まるで停まっていた時が、漸く動き始めたような感覚である。外界からの刺激を遮断されてしまうという事が、これ程人間の精神に大きな影響を及ぼすなどとは、やはりこれ迄考えもしなかった事だ。

それでも、波長の合う方々との会話は楽しい。


久しぶりの時間を堪能して、すっかりいい気分になっていた私に、N川さんのお母様が、ふと思い出したように「それ」を切り出した。

「そう言えば、色々あってお知らせするのを忘れていたんですが、昨年こちらでお逢いした時、籠さん『サイゼリヤの魔物』の話をしてくれたでしょ？」

「サイゼリヤの魔物」の話とは、既におわかりかと思うのだが、本書に掲載されている「魔物・前後編」のエピソードの事である。

「ええ。それが何か？」

「Rったら、籠さんが帰ってから言うんだもの。昨年、あの話を籠さんがしている時、背後の窓から、変な子供が覗いていたって言うんですよ」

一瞬、呼吸が止まった。

「本当ですか？」

やや引き攣り気味に返答する私に向かって、お母様はこう告げた。

「私とKも『やだ、そんなの早く言ってよ』と言ったら『だって、あの場で言ったら怖いから』って。あのあと三人で、怖がりながら家まで帰ったんですよ」

繋ぐ言葉が出なかった。

あの魔物は、関西にある、鬼門の存在しない神社に封印されたのでは無かったのだろうか。それとも、それは単に私の思い込みであって、本当は単に、一時的にあの場から逃げ帰っただけなのだろうか。

私はある事に気が付いて、背筋を寒くした。

夢の旅館の化け物女将は、取り逃したS戸さんの身辺に二十年以上付き纏い、取り入る隙を窺っていた。その考え方から逆算すれば、あれからまだたったの十年なのだ。私に対して恨みつらみを募らせたあの妖魔は、すっかり油断しきった頃、不意打ち的に目の前に現れて、その喉元を掻き切るつもりだったのかも知れないと。


気を付けてください。夢から入ってくるものは、とても強力です。

ずっと以前、妖怪を視る女性・Tさんから、何かの折にそんな言葉を掛けられた事を私は思い出していた。

「そうですか。それは怖かったですね」

努めて平静に、そう返事を返す。

「そのお話、新刊の中に使わせて頂いても宜しいですか？　あの『魔物』のエピソード、今回ちょうど書こうと思っていたところなんです」

「宜しいですよ」


こうして時間軸は現在に至り、当時を思い出しながら、私はこの原稿を仕上げている。昨年末のあの時、私は窓を背にして歓談をしていた。

その為、R君が見たという子供の姿を見てはいない。ただ私は家人に対して予定していた時間よりも帰宅が遅くなっている事を気に掛けて、ちらちらと店内の時計を見ながら話をしていた。

時刻は午後七時前後だったと思う。

私達がレストランに向かった時点で、既に日はとっぷりと暮れていた。気温もぐっと下がっていた筈であり、そんな冬の夜に、子供が普通に外からこちらを覗いていたというシチュエーションは考えにくい。

しかも「あの話」をしている時になど。

何故なら、三度「それ」の話をして、三度とも「それ」は現場に現れた事になってしまうからだ。

それは悪い偶然だろうというバイアスを掛けたくなる。

しかし、過去二回に亘って起きた出来事を考えれば、三回目も充分にあり得る事であった。何しろ相手は、神社の拝殿にまで入り込む輩なのだから。

ふと、私はある事に気が付いて、そこに一縷の望みを掛けた。

スマホを取り出し、N川さんのお母様に、問い合わせのメールを送信する。

「申し訳ありません。昨年末、店を覗いていたという子供の性別がおわかりになりますか？差し支えなかったらお教え願えませんでしょうか？」

文面はこんな具合だった。

冷静を装いつつ、心中すっかり動揺していたのだろう。私はその場で、窓から覗いていたという子供の性別を聞くのを忘れていたのだ。

もしも窓から私達を覗いていたのが「男の子」であれば、それはただの偶然であった可能性が大だからである。

魔物が取り憑いたと思われる子供は、過去二回とも「女の子」だったからだ。

だが、少々お待ち下さいねの返信の後、やや間を置いて。N川さんのお母様から届いた返信は、眩暈《めまい》のするようなものだった。

「女の子だそうです」


〈怪物と戦う者は、その際自分が怪物にならぬように気をつけよ。深淵を覗き込んでいると、深淵もまたこちらを覗き込む〉

——ニーチェ

現代雨月物語 物忌異談

2021年3月6日　初版第1刷発行

著者　籠三蔵

カバー　橋元浩明（sowhat.Inc）
発行人　後藤明信
発行所　株式会社　竹書房
〒102-0072　東京都千代田区飯田橋2-7-3
電話03-3264-1576（代表）
電話03-3234-6208（編集）
http://www.takeshobo.co.jp
印刷所　中央精版印刷株式会社

定価はカバーに表示しています。
落丁・乱丁本は当社までお問い合わせ下さい。
©Sanzo Kago 2021 Printed in Japan
ISBN978-4-8019-2562-5 C0193